MACH & FREUD

Influências e Paráfrases

Leopoldo Fulgencio

MACH & FREUD

Influências e Paráfrases

São Paulo - 2016

Copyright © Leopoldo Fulgencio

Supervisão editorial: *Sergio Rizek*
Revisão: *Meire Cristina Gomes*
Diagramação: *Maria do Carmo de Oliveira*
Capa: *José Maria Faustino*

Catalogação na publicação
Biblioteca Dante Moreira Leite
Instituto de Psicologia da Universidade de São Paulo

Fulgencio, Leopoldo.

Mach & Freud: influências e paráfrases / Leopoldo Fulgencio. – São Paulo : Concern; FAPESP, 2016.
224 p.

ISBN: 978-85-5893-000-0

1. Psicanálise 2. Epistemologia 3. Ciência 4. Freud, Sigmund, 1856-1939 5. Mach, Ernst, 1838-1916 I. Título.

RC504

Edições Concern / Attar Editorial
Rua Madre Mazzarello, 336
São Paulo - SP - 05454-040
Fone/Fax : (11) 3021 2199 - attar@attar.com.br
www.attar.com.br

Edições Concern

Conselho Editorial
Joel Birman (Universidade Federal do Rio de Janeiro)
Richard Simanke (Universidade Federal de Juiz de Fora)
Leopoldo Fulgencio (Universidade de São Paulo)
Daniel Kupermann (Universidade de São Paulo)
Rita Sobreira Lopes (Universidade Federal do Rio Grande do sul)
Leonardo Niro Nascimento (Essex, Londres, Inglaterra)
Christian Hoffmann (Paris 7, Paris, França)
Eduardo Leal Cunha (Universidade Federal de Sergipe)
Paulo de Carvalho Ribeiro (Universidade Federal de Minas Gerais)
Elias Mallet da Rocha Barros (Sociedade Brasileira de Psicanálise de São Paulo, IPA)
Paulo Sandler (Sociedade Brasileira de Psicanálise de São Paulo, IPA)

Coordenação
Leopoldo Fulgencio
Eduardo Leal Cunha

Os textos encaminhados à Edições Concern, selo da Attar Editorial (fundada em 1986), serão avaliados por membros do conselho editorial, cujos pareceres críticos circunstanciados serão enviados para os autores.

Este livro, *Mach & Freud: Influências e paráfrases*, é parte da tese de doutorado do Prof. Dr. Leopoldo Fulgencio, defendida no Programa de Estudos Pós-Graduados em Psicologia Clínica da Pontifícia Universidade Católica de São Paulo, em 2001. O texto foi editado e atualizado, considerando o conjunto de novas publicações desde o momento de sua defesa.

*Para minha mãe Leonor,
meu pai Leopoldo e minha irmã Maria Julia,
que me deram os fundamentos emocionais
para que eu pudesse ser um cientista.*

Agradecimentos

Ao CNPq e à FAPESP, pelo auxílio dado a minha pesquisa de doutorado e, especialmente, mais uma vez, à FAPESP, pelo apoio a essa publicação.

A meus filhos: André, João, meu enteado Tom, e para Nina Flor que desabrocha na vida.

A minha mulher, Lygia, com quem construo o lar e o mundo.

Índice

Apresentação

Para além do princípio de imunidade epistêmica nos estudos psicanalíticos . . 15
Richard Theisen Symanke

Introdução

1. Em que sentido a obra de Mach pode ajudar a compreender
   a de Freud 25
2. Breve biografia de Ernst Mach (1836-1916) 29
3. Aspectos gerais da importância de Mach para a ciência,
   no passado e no presente 30
4. Presença de Mach na obra de Freud 55
5. Programa da análise da obra de Mach, para compreensão
   do pensamento científico de Freud. 60

Capítulo 1
Quadro geral das preocupações teóricas de Ernst Mach 65

1. Pesquisas em psicofísica e a relação entre o físico e o psíquico 66
2. Reformulação antimetafísica da física 69
3. Considerações sobre a prática do cientista 71

Capítulo 2

Concepções epistemológicas de base 75

1. Limites e características do conhecimento segundo Mach. 75
2. Observação, representação e economia do pensamento em Mach. 79
3. Incompletude da ciência em Mach e Freud. 93
4. Causalidade nas relações e método combinado de análise e síntese em Mach e Freud 102

Capítulo 3

Princípios da pesquisa científica 113

1. Ponto de vista dinâmico e teleologia causal 113
2. História da noção de força para Mach. 116
3. Outras referências para a compreensão da noção de força em Freud. 128
4. As forças como um tipo de mitologia para as explicações científicas 140

Capítulo 4

O horizonte da ciência 143

1. Mach e o ponto de vista heurístico na ciência. 143
2. Natureza e *télos* das teorias científicas 145
3. Síntese das ciências e *Weltanschauung* científica. 150
4. Freud como signatário de um positivismo heurístico 157
5. Ciência e filosofia. 161

Capítulo 5

Instrumentos de pesquisa 169

1. Operadores da pesquisa científica em Mach: postulados, conceitos e hipóteses. 169

2. Uso de representações-fantasia (*Phantasie-Vorstellungen*) como parte de um método de pesquisa 182

3. Do conhecido ao desconhecido: figurações e analogias como guias de pesquisa. 193

Capítulo 6

Diferenças entre o empirismo de Mach e o de Freud 201

Considerações finais 211

Tabela de correspondência 215

Referências bibliográficas 219

Apresentação

Para além do princípio de imunidade epistêmica nos estudos psicanalíticos

Richard Theisen Simanke

Durante muito tempo – tempo demais talvez – a maioria dos trabalhos em história e epistemologia da psicanálise tomou como ponto de partida o princípio, explícita ou implicitamente assumido, de que esses estudos só poderiam ser conduzidos em bases psicanalíticas. Assim, uma história da psicanálise só seria legítima se fosse uma história *psicanalítica* da psicanálise, e uma epistemologia da psicanálise, da mesma forma, só se legitimaria se assumisse a forma de uma *epistemologia psicanalítica*, seja lá o que for que isso possa significar. Uma historiografia profissional da psicanálise é coisa ainda relativamente recente: as obras pioneiras de Henri Ellenberger (1970/1994) e Paul Roazen (1975) surgem no início dos anos 1970. Antes disso, como se sabe, predominava, de modo geral, o modelo biográfico, impressionista e fortemente apologético estabelecido por Ernest Jones nos anos 1950 (Jones 1953; 1955; 1957). Essa era uma história majoritariamente praticada por psicanalistas e não por historiadores profissionais da ciência e da cultura.

No campo da filosofia e da epistemologia da psicanálise as coisas eram um pouco diferentes, uma vez que os clínicos raramente aí se aventuravam. Os ensaios inaugurais de diálogo entre a filosofia e a psicanálise foram promissores: trabalhos como o de Politzer (1928/2003), nos final dos anos 1920, Roland Dalbiez (1936/1947) nos a nos 1930 e ainda – para sair um pouco da tradição francesa e continental – os de John Wisdom (1953), a partir de meados dos anos 1940, eram análises críticas realizadas a partir de uma de percepção aguda do interesse filosófico da psicanálise, mas que não se identificavam pura e simplesmente com a perspectiva psicanalítica. Contudo, rapidamente, dois partidos tomaram forma: o dos adversários, quando não inimigos, da psicanálise, que realizavam da mesma uma crítica inteiramente externa, baseada em critérios com pouca ou nenhuma relação com a situação específica da psicanálise – a crítica neopositivista de Grünbaum (1984) é exemplar a esse respeito; e o grupo de seus partidários, isto é, de filósofos cuja simpatia pela psicanálise tocava às vezes as raias da submissão doutrinária. Mesmo o brilhante ensaio de Paul Ricoeur (1965) – talvez ainda a mais sofisticada interpretação filosófica sistemática da obra de Freud, independente de concordar-se ou não com ela – manifesta sinais dessa submissão. Assim, por exemplo, quando discute, na conclusão de seu livro clássico, a incapacidade da psicanálise de dar pleno sentido à noção de "Eu", essa eventual limitação de sua abordagem é rapidamente devolvida à filosofia, que deve, então, humildemente, reconhecê-la:

> É por isso que a teoria freudiana do eu (*moi*) é (...) tão decepcionante em sua impotência de dar ao "Eu" do "Eu penso" um sentido qualquer. Mas essa decepção propriamente filosófica deve ser colocada na conta da "ferida" e da "humilhação" que a psicanálise infringe ao nosso amor-próprio. É por isso que o filósofo, quando aborda os textos de Freud consagrados ao Ego ou à consciência, deve esquecer as requisições mais fundamentais de sua egologia e aceitar que vacila a própria posição do *Eu penso, eu sou*; pois tudo que Freud diz disso pressupõe esse esquecimento e essa vacilação (...). (Ricouer, 1965, 416)[1]

Em suma, a comunidade dos psicanalistas e de seus simpatizantes cultivou, de forma predominante, o que se pode chamar de um *princípio*

---

[1] Ver também Raicovic 1996.

de imunidade epistêmica[2], a saber, a ideia de que a psicanálise só pode ser avaliada segundo seus próprios critérios e de que toda avaliação baseada num critério não psicanalítico é um erro categorial, quando não um atentado mal-intencionado à sua identidade e à sua autonomia. Essa atitude francamente defensiva, por sua vez, pode ser rastreada até os mitos de origem da psicanálise como uma ciência marginal e perseguida – mitos iniciados em certa medida pelo próprio Freud e, desde então, disseminados e ampliados pela sua descendência intelectual. Podem-se formular hipóteses diversas sobre as razões de ser desses mitos, desde a sensibilidade pessoal de Freud a críticas até a estratégia bastante consagrada de promover a coesão interna de um grupo embrionário pela eleição ou construção de um inimigo externo. Seja como for, eles se perpetuaram como parte importante da cultura psicanalítica, em suas comunidades e instituições, e se refletiram em sua historiografia, até começarem a ser relativizados pelo trabalho de historiadores mais profissionais, como se mencionou acima. Mas traços fortes dos mesmos podem ainda ser detectados nas atitudes daqueles que se identificam com a perspectiva psicanalítica, sejam ele praticantes, estudiosos ou simpatizantes. Ainda são muitos aí os que cultivam e compartilham a imagem idealizada de uma psicanálise eternamente radical e inovadora[3], cercada pelas ameaças do conservadorismo intelectual, quando não outras piores, desconsiderando o fato mais ou menos autoevidente de que nenhuma ciência ou disciplina permanece jovem, original e revolucionária para sempre. Mesmos seus críticos mais mal intencionados, com seus "livros negros" (Meyer, 2005) e seus "contos da cripta" (Dufresne, 2000), foram movidos pela percepção de que a psicanálise é parte do *establishment* científico

---

[2] Tomo emprestada aqui a expressão que Schaeffer (2009) empregou para referir-se a *tese da excepcionalidade humana* (de origem cartesiana, mas típica do pensamento da modernidade) que isola o homem da natureza e fundamenta o antinaturalismo antropológico, formulando-se de tal maneira a transformar qualquer questionamento científico ou filosófico num equívoco conceitual.

[3] Em certas correntes psicanalíticas, é endêmico o que podemos chamar de uma *retórica da radicalidade* que insiste à exaustão em que tudo o que a teoria proponha seja "radical", "extremo", "absoluto", "subversivo", e assim por diante (a orientação lacaniana é bastante exemplar quanto a isso, mas está longe de ser a única).

e profissional no campo da saúde mental, já que seus anseios de autopromoção não escolheriam como alvo uma disciplina marginal cujo ataque não produzisse manchetes[4]. Desnecessário dizer que esse tipo de comentário agressivo reforça a reatividade dos meios psicanalíticos, e a sensibilidade a críticas que muitos deles manifestam os impede de distinguir entre uma análise rigorosa e objetiva de seus conceitos a partir de critérios independentes e a desqualificação gratuita motivada por segundas e terceiras intenções. A retórica defensiva e a retórica destrutiva refletem infinitamente uma a outra como espelhos paralelos.

Retornando ao campo mais pacato da epistemologia, que está mais diretamente em questão aqui, a adoção declarada ou não do princípio de imunidade epistêmica resultou na conclusão de que a análise epistemológica das teorias psicanalíticas só poderia ser feita a partir de pressupostos extraídos das próprias teorias. Trabalhos sobre Freud como os de Paul-Laurent Assoun (1983) nos fornecem uma ilustração bastante exemplar dessa atitude, de resto não rara, mas que nem sempre se expressa de forma tão explícita. Por exemplo, ele afirma:

> *de forma alguma entendamos por epistemologia freudiana uma epistemologia geral tomando Freud por argumento, tema ou material*. O que está em jogo não é uma epistemologia indo buscar em Freud um referente que se trataria, em seguida, de generalizar ou formalizar. O que nos interessa é a *epistemologia rigorosamente nativa e imanente à démarche de conhecimento pertencente a Freud*. (Assoun, 1983, p. 10, grifos nossos)[5]

---

[4] Jacobsen (2009) fornece a melhor discussão crítica dessa literatura, distinguindo os "inimigos" de Freud que a produzem, dos "críticos" de Freud que, por mais contrários que sejam à psicanálise, mantêm-se dentro dos níveis mínimos de decoro para o debate acadêmico. Roudinesco (2005) também empreende uma crítica dessa literatura, mas assume mais claramente a postura de uma "defensora" da psicanálise.

[5] Não se trata, com certeza (e Fulgencio deixa isso bem claro), de negar o valor das análises epistemológicas da estrutura interna das teorias psicanalíticas, tal como praticada por Monzani (1989) e tantos outros (inclusive eu mesmo e o próprio Fulgencio). Seu argumento não afirma que esse tipo de análise não seja *necessário*, ele apenas discorda de que ele seja *suficiente*.

É uma atitude inteiramente distinta que se pode encontrar no presente trabalho de Fulgencio, assim como em seus trabalhos anteriores (Fulgencio, 2008, entre outros). Ela é afirmada desde o início, como que para não deixar dúvida alguma quanto a seu posicionamento. Vale a pena reproduzir esse trecho aqui (mesmo que ele possa ser facilmente reencontrado abaixo) para fazer o contraste com a citação de Assoun acima reproduzida:

> Trata-se, aqui, de aceitar que a psicanálise possa ser julgada pela epistemologia das ciências, tal como a física, a química, a sociologia, antropologia etc. Ou seja, se aceita que há certos parâmetros e regras gerais para que um determinado conjunto de teorias e conhecimentos possa ser considerado científico. Nessa perspectiva, ainda que cada disciplina possa ter particularidades de método, objeto, problemas e soluções, todas devem responder a certos princípios gerais que distinguem a ciência da filosofia, da religião, das ideologias etc., estabelecendo campos díspares do conhecimento. A tese de que cada ciência tem a sua racionalidade específica (Lebrun, 1977) só pode ser aceita quando outros critérios universais já foram atendidos. Assim, os estudos clássicos de epistemologia (Kant, Mach, Carnap, Popper, Kuhn e até mesmo Heidegger) têm o direito de questionar o lugar da psicanálise. (Fulgencio, 2015, p. 23)

Essa é a virtude originária deste trabalho, aquela de onde todas as suas outras (e muitas) virtudes derivam, a saber, da decisão de tratar a psicanálise como uma disciplina cujas credenciais de cientificidade – tenham sido elas apresentadas por Freud ou por um de seus numerosos seguidores – devem ser avaliadas da mesma maneira como se procede ordinariamente com qualquer outra disciplina submetida ao escrutínio da epistemologia e da filosofia das ciências. Assim, o livro que se tem em mãos não é nem contra, nem a favor de Freud: não é obra de militância, mas tampouco de difamação. Trata-se, sobretudo, de um ensaio teórico, simultaneamente histórico e filosófico (como deve ser toda a boa história da ciência), sobre uma influência ou uma interface conceitual (aquela entre Freud e Mach, como indicado desde o título) frequentemente negligenciada no campo dos estudos psicanalíticos. Note-se que, além de pesquisador e professor universitário, Fulgencio também tem trabalhos dedicados ao método de tratamento psicanalítico, colocando-o em presença e diálogo com as instituições psicanalíticas, o que torna evidente que o rigor conceitual e objetividade doutrinária não são incompatíveis com um comprometimento mais orgânico com a clínica e com os princípios que a fundamentam.

A esse rigor conceitual e à atitude epistêmica que o torna possível vem somar-se a paciência e a meticulosidade indispensáveis ao historiador. Fulgencio reúne e organiza de forma racional e exaustiva as evidências diretas e indiretas da presença das ideias e diretrizes do pensamento de Mach na obra freudiana, sejam lá quais possam ter sido os mecanismos pelos quais essa disseminação se deu (a influência direta, aquela intermediada por outro pensador, o *Zeitgeist*, etc.). Além de tornar sua tese plausível, esse cuidado metodológico prepara o cenário para as análises que se seguem, nas quais, além da questão mais específica da relação Freud-Mach, se coloca continuamente em discussão *a concepção freudiana da ciência* como um todo.

Essa conjugação de uma atitude epistêmica salutar com o rigor historiográfico permite dar todo o seu peso à reivindicação freudiana da psicanálise como uma *ciência natural da mente*. Assim, afirmação aparentemente casual que abre o livro – "Freud sempre defendeu a pertinência da psicanálise ao rol das ciências naturais" – pode, de imediato, revelar todo o seu potencial polêmico. De fato, embora essa reivindicação seja, em Freud, perfeitamente explícita, não faltaram, como se sabe, na posteridade freudiana, aqueles que a recusaram frontalmente ou distorceram o sentido de "ciência" e "natureza" a ponto de torná-los irreconhecíveis ou inutilizáveis. Ao inaugurar assim a sua análise, Fulgencio convida o leitor a acompanhá-lo num caminho descendente do pináculo para a base da pirâmide freudiana, da reivindicação que a coroa (Freud a exprime da forma mais explícita em seus últimos e inacabados trabalhos, publicados postumamente) à massa de conceitos e evidências que lhe conferem sustentação e em cuja estrutura o autor procura mostrar que o pensamento de Mach desempenha um papel de destaque.

Esse papel, por sua vez, permite não apenas estabelecer a ideia central do argumento – a reivindicação freudiana da psicanálise como ciência da natureza precisa ser levada a sério –, mas, ainda, proceder daí para a especificação do *tipo de ciência da natureza de que se trata*. Com efeito, a expressão "ciência da natureza" pode conotar diversos sentidos, dependendo da época e contexto, e, mesmo no ambiente intelectual em que Freud se formou, ela estava longe de ser assumida de forma perfeitamente unívoca. A referência a Mach permite que Fulgencio construa seu argumento a esse respeito: Freud teria construído sua visão da ciência apoiando-se em certa versão (ou certo desdobramento) do pensamento *positivista* (a simples menção desse termo em alguns círculos psicanalíticos é razão para anátema) segundo a qual as teorias científicas, assim como os conceitos e modelos que as compõem, seriam, por um lado, compostas por elementos que têm referência empírica na realidade fenomênica (o de transferência, por exemplo), mas por outro, por construções provisórias, convenções, dispositivos discursivos que se justificariam pragmática e instrumentalmente pela sua utilidade na resolução de problemas empíricos colocados pela investigação, mas que não pretenderiam descrever uma realidade oculta por trás dos dados imediatos da observação (a de aparelho psíquico, por exemplo). Essas últimas teorias e modelos consistiriam, assim, *ficções heurísticas*, isto é, construtos mais ou menos imaginativos, ainda que racionalmente formulados, destinados a permitir a produção de certo tipo de conhecimento sobre o mundo (o mundo da mente e do comportamento no caso de Freud), mas não a descrever esse mundo em sua realidade intrínseca. Numa palavra, é uma concepção antirrealista[6] da ciência que, através desse argumento, está sendo atribuída a Freud.

Essa conclusão me permite uma consideração sobre o que me parece ser uma das grandes qualidades deste e de outros trabalhos de Fulgencio: não é necessário concordar inteiramente com eles para apreciar todo o seu valor. Alguns anos atrás, dispus-me a fazer uma resenha de outro livro seu, *O método especulativo em Freud* (Fulgencio, 2008). Li o livro com muito prazer, mas a questão de fazer a resenha parecia problemática, uma vez que eu não concordava com parte das conclusões e tendia para uma inter-

---

[6] Resumidamente, uma visão realista da ciência é aquela que assume que os objetos do conhecimento científico existem independentemente do observador ou do sujeito cognoscente. Uma visão antirrealista, por sua vez, é aquela que nega essa pressuposição.

pretação mais realista da metapsicologia. A conclusão do dilema acabou tomando a forma, não de uma resenha, mas de um artigo um tanto longo (Simanke, 2009), em cuja primeira parte eu apresentava e discutia as ideias de Fulgencio naquele livro e, numa segunda parte, apresentava uma interpretação alternativa da metapsicologia, que se afastava da sua em certos aspectos. O artigo foi, então, publicado na revista "*Natureza Humana*", da qual Fulgencio era, na época, o editor-chefe. Relato esse pequeno episódio para enfatizar que essa tolerância e receptividade a ideias divergentes da sua tem como premissa o tipo de atitude epistêmica discutida acima. É claro que uma "epistemologia" autoconfirmatória só pode considerar qualquer divergência como mero equívoco conceitual. Além do evidente ganho de conhecimento que um trabalho bem feito oferece ao leitor, livros como este contribuem imensamente para elevar o nível do debate intelectual no campo dos estudos psicanalíticos e essa característica, por si só, constituiria razão suficiente para recomendá-lo.

Referências bibliográficas:

Dalbiez, R. (1947). *O método psicanalítico e a doutrina de Freud.* Rio de Janeiro: Agir. (Original publicado em 1936)

Dufresne, T. (2000). *Tales from the Freudian crypt: the death drive in text and context.* Stanford, CA: University of Stanford Press.

Ellenberger, H. F. (1994). *The discovery of the unconscious: the history and evolution of dynamic psychiatry.* London: Fontana Press. (Original publicado em 1970)

Fulgencio, L. (2008). *O método especulativo em Freud.* São Paulo: EDUC e FAPESP.

Grünbaum, A. (1984). *The foundations of psychoanalysis: a philosophical critique.* Oakland, CA: University of California Press.

Jacobsen, K. (2009). *Freud's foes: psychoanalysis, science and resistance.* Plymouth, UK: Rowman & Littlefield.

Jones, E. (1953). *Sigmund Freud: life and work. Vol. 1: The young Freud (1856-1900).* London: Hogarth Press.

_____. (1955). *Sigmund Freud: life and work. Vol. 2: The years of maturity* (1900-1919). London: Hogarth Press.

_____. (1957). *Sigmund Freud: life and work. Vol. 3: The last phase* (1919-1939). London: Hogarth Press.

Meyer, C. (Ed.). *Le livre noir de la psychanalyse : vivre, penser et aller mieux sans Freud.* Paris: Arènes.

Monzani, L. R. (1989). *Freud: o movimento de um pensamento.* Campinas, SP: Editora da Unicamp.

Politzer, G. (1928). *Critique des fondements de la psychologie.* Paris : PUF (Coll. Quadrige). (Original publicado em 1928)

Raicovic, P. (1996). *O sono dogmático de Freud: Kant, Schopenhauer, Freud.* Rio de Janeiro: Jorge Zahar.

Ricoeur, P. (1965). *De l'interprétation: essai sur Freud.* Paris : Seuil.

Roazen, P. (1975). *Freud and his followers.* New York: Knopf.

Roudinesco, E. (2005). *Pourquoi tant de haine? Anatomie du 'Livre noir de la psychanalyse'*. Paris: Navarin.

Schaeffer, J.-M. (2009). *El fin de la excepción humana*. Buenos Aires: Fondo de Cultura Económica de Argentina.

Simanke, R. T. (2009). Realismo e antirrealismo na interpretação da metapsicologia. *Natureza Humana: Revista de Filosofia e Psicanálise*, 11 (2), 97-152.

Wisdom, J. (1953). *Philosophy and psychoanalysis*. Oxford, UK: Blackwell.

Introdução

1. Em que sentido a obra de Mach pode ajudar a compreender a de Freud

Freud sempre defendeu a pertinência da psicanálise ao rol das ciências naturais, ocupando-se, várias vezes, em caracterizá-la como uma jovem ciência empírica. Uma pergunta a se fazer é o que Freud entende por isso e quais são as concepções epistemológicas[1] que sustentariam esse tipo de afirmação em relação à psicanálise, em termos da caracterização dos limites, objetivos e métodos das pesquisas ou em relação aos critérios de validação de suas teorias. A resposta não é evidente. Dizer que Freud procurava apenas ter suas concepções aceitas socialmente, quando, na verdade, ele mesmo não acreditaria na cientificidade da psicanálise, não parece corresponder ao que encontramos explicitado em seus textos. Freud tem sólidas referências epistemológicas e persegue, com método e disciplina, um modo de fazer ciência que não é novo nem revolucionário, ainda que a psicanálise

---

[1] Trata-se, aqui, de aceitar que a psicanálise possa ser julgada pela epistemologia das ciências, tal como a física, a química, a sociologia, antropologia etc. Ou seja, aceita-se que há certos parâmetros e regras gerais para que um determinado conjunto de teorias e conhecimentos possam ser considerados científicos. Nessa perspectiva, ainda que cada disciplina possa ter particularidades de método, objeto, problemas e soluções, todas devem responder a certos princípios gerais que distinguem a ciência da filosofia, da religião, das ideologias etc., estabelecendo campos díspares do conhecimento. A tese de que cada ciência tem a sua racionalidade específica (Lebrun, 1977) só pode ser aceita quando outros critérios universais já foram atendidos. Assim, os estudos clássicos de epistemologia (Kant, Mach, Carnap, Popper, Kuhn e até mesmo Heidegger) correspondem a questionamentos que constituem uma necessidade e uma perspectiva para o desenvolvimento da psicanálise.

freudiana apresente um inaudito método de tratamento. Nesse livro procuro mostrar que o modo de Freud pensar cientificamente é devedor das concepções de Ernst Mach (1838-1916) sobre o que é ciência e como ela deve ser desenvolvida.

A obra de Mach é reconhecida como uma das mais importantes contribuições para o desenvolvimento da ciência no século XIX e início do século XX.[2] Veremos, no correr deste estudo, que Mach foi um dos poucos intelectuais da história do pensamento a influenciar tantos em áreas tão diversas, da filosofia às artes, além de suas contribuições a diversos ramos do conhecimento científico. Gerald Holton, no seu livro *Science and Ant-Science* (1993) – dedicado a questões tais como: quais são os sinais da boa ciência? Que objetivo, se houver, aparece como sendo a própria finalidade de toda a atividade científica? Que autoridade pode legitimar o que os cientistas afirmam? – procura comentar quais e como foram construídas respostas a estas questões, salientando a importância de Ernst Mach, na sua influência "muitas vezes de forma bastante indireta e modificada, no pensamento de cientistas e e filósofos do século vinte, tais como Jacques Loeb, B. F. Skinner, Phillipp Frank, P. W. Bridgman, W. V. Quine, dentre outros".[3] Dentre os autores citados, note-se a presença de Skinner. Num lado oposto, mas que parece compartilhar o mesmo objetivo de construir a psicologia como uma ciência natural, temos Sigmund Freud.

O primeiro texto dedicado a analisar as influências de Mach sobre Freud é o de Thomas Szasz, "Mach and Psychoanalysis" (1960), onde ele, principalmente focado no livro *The Analysis of Sensations* (Mach, 1886), reconheceu que havia uma grande proximidade entre os pontos de vista destes autores no que se referia à natureza da psicologia como ciência, a relação entre a física (fisiologia) e a psicologia, bem como entre o corpo e a alma.

---

[2] Cf. Ratliff (1965b); Cohen & Seeger (1970); Blackmore (1972, 1992b); Loparic (1984); Holton (1993); Blackmore, Itagagi & Tanaka (2001); Banks (2003).

[3] Holton 1993, p. ix.

John Blackmore, no seu livro *Ernst Mach. His work, Life, and Influence* (1972), fez um comentário aproximando Freud a Mach, considerando que, ao abordar o fenômeno dos sonhos, haveria uma proximidade entre eles.[4] Blackmore, na verdade, considera que há mesmo muito mais do que uma mera proximidade, mas, talvez, a consideração de que Freud teria desenvolvido mais profundamente uma perspectiva já esboçada por Mach:

> A tendência darwiniana de Mach de pensar que ideias e outros fenômenos psíquicos estavam sujeitos à "seleção natural" e um tipo de "sobrevivência do mais adaptado" levaram-no a uma forma de explicação teleológica, ou de justificação através de propósitos aparentes. Ele achava, em particular, que se os fenômenos psíquicos não satisfaziam uma "necessidade biológica", então nesse sentido eram "sem sentido" e até mesmo "patológicos". Segundo suas próprias palavras: "Toda aparição evidente e independente de fantasmas sem excitação da retina – com exceção de sonhos e do estado semiacordado – por causa da ausência de propósito biológico, deve ser considerada como patológica". Mas o que aconteceria se um leitor fosse além de Mach e levantasse a hipótese de que todos os sonhos e fantasmas, patológicos ou não, devem satisfazer fins biológicos? Como poderíamos chamar uma pessoa dessas? Nós não a chamaríamos de Sigmund Freud?[5]

---

[4] Mach refere-se aos sonhos, por exemplo, na seguinte passagem: "Toda aparição, evidente e independente, de fantasmas sem excitação da retina – com exceção de sonhos e do estado semiacordado –, por causa da ausência de propósito biológico, deve ser considerada como patológica. Da mesma maneira, devemos ver toda dependência anormal de fantasmas exercidas sobre a vontade como patológica. Muito provavelmente, esses estados se dão em pessoas insanas que se veem como muito poderosas, como Deus, etc. Mas os devaneios do megalomaníaco também podem ser produzidos por uma simples ausência de associações inibitórias; por exemplo, pode-se acreditar num sonho em que foram resolvidos problemas seríssimos, porque as associações que revelam a contradição não ocorrem" (1886, pp. 207-208). Todas as traduções de Mach e de seus comentadores, nesse livro, são revisadas ou feitas por mim. Ao citar a obra de Mach, estarei me apoiando tanto nas edições de seus livros em inglês como em francês. No texto o leitor encontrará as referências à paginação dos textos em inglês; ao final do livro inseri uma tabela de correspondência de paginação, para que as referências, nas edições francesas, pudessem ser localizadas. A edição francesa de *Erkenntnis und Irrtum* (1905), traduzida por Marcel Dufour (1913), corresponde apenas a uma parte do original, muitas vezes com exclusão e/ou condensação de algumas passagens.

[5] Blackmore 1972, p. 71.

Ao comentar que tanto Mach como Joseph Breuer dedicaram-se ao estudo do funcionamento do "labirinto" e dos "canais semicirculares" (procurando entender como funciona o senso de equilíbrio), ele afirma: "Mais do que impulsionado pelo interesse de Breuer em algumas ideias de Freud, é provável que Freud tenha sido indiretamente influenciado pelo pensamento de Mach, via a leitura que fez do livro de Popper-Lynkeus (*Fantasias de um Realista*, de 1899)".[6]

Blackmore avalia, ainda, que as diversas contribuições de Mach, a importância deste último no cenário intelectual no qual Freud cresceu e se formou como cientista, bem como essas referências específicas, acima indicadas, tiveram uma influência sobre o pensamento de Freud: "Falta-nos evidência factual para afirmar que Mach influenciou Freud de alguma maneira, pontual ou formalmente, e Freud nunca reconheceu nenhum débito para com ele, mas o fato de que os dois homens estavam profundamente interessados no significado da experiência da infância e dos sonhos, e que os escritos de Mach precedem os de Freud em vários anos, bem como o fato de que Freud teve diversas oportunidades para absorver as ideias de Mach, tanto de formas diretas como indiretas, sugerem que, ao menos nestes aspectos, Mach influenciou Freud".[7]

Borch-Jacobsen & Shamdasani, apoiando-se em Assoun (1981) e Siegfried Bernfeld (1952), no seu livro *Os arquivos Freud. Uma investigação acerca da história da psicanálise* (2012), consideram que Mach corresponde à principal referência epistemológica de Freud: "Freud era um positivista clássico, para quem a base fundamental do conhecimento era a observação a percepção e descrição de fenômenos. Como todo bom positivista – por exemplo, Ernst Mach, que parece ter sido sua referência principal em assuntos epistemológicos –, ele distingue firmemente a observação e a teoria".[8] Eles apresentam a influência de Mach sobre Freud colocando,

---

[6] Blackmore 1972, p. 71.

[7] Blackmore 1972, pp. 71-72.

[8] Borch-Jacobsen & Shamdasani (2012, p. 133). Nessa mesma direção eles citam uma passagem de uma carta de Siegfried Bernfeld para Hans Ansbacher, de 26 de maio

lado a lado, passagens de textos dos dois autores (referindo-se ao que é a ciência, seus conceitos e seus objetivos) que têm o mesmo conteúdo, quase como se fossem paráfrases de Freud.[9] Nessa direção eles enfatizam o fato de que Freud utiliza diversos conceitos metapsicológicos como *ficções heurísticas*, seguindo a mesma postura epistemológica de Mach, que considera determinados conceitos da ciência como *ficções provisórias*: "Para Freud, os 'conceitos básicos'[10] de sua metapsicologia eram apenas 'ficções'[11], 'entidades míticas'[12], 'superestruturas especulativas'[13], 'construções científicas'[14] ou 'hipóteses de trabalho'[15] destinadas a serem substituídas caso entrassem em conflito com a observação[16]".[17]

---

de 1952, na qual colocam em evidência o lugar epistemológico de Freud, que era uma extensão da posição de Mach: "Freud pertencia ao grupo de médicos e fisiólogos em torno de Brücke que preparam o caminho para o positivismo de Mach e Avenarios. Ele decerto conhecia o *Programa para uma filosofia científica* [*Zeitschrift für wissenschaftliche Philosophie*]. Nos anos de 1890, Mach o conquistou [...]. De uma forma ou de outra, o positivismo era inquestionavelmente seu modo 'natural' de pensar. (Acervo Sigfried Bernfeld, Divisão de Manuscritos, Biblioteca do Congresso, Washington, D.C.; citado por Bernfeld, Cassirer e Grubrich-Smitis, *Bausteine der Freud-Biographik*, p. 260)". (apud Borch-Jacobsen & Shamdasani, 2012, p. 133).

[9] Borch-Jacobsen & Shamdasani 2012, p. 134.

[10] Freud 1915c, p. 117. Freud será citado segundo a classificação estabelecida por Tyson & Strachey 1956.

[11] Freud 1900a, p. 598; 1926e, p. 194.

[12] Freud 1933a, p. 95.

[13] Freud 1925a, p. 32.

[14] Freud 1917a, p. 142.

[15] Freud 1915c, p. 124.

[16] Essas concepções de Freud encontrariam formulações análogas em Mach (p. 178). Em outras passagens citadas, comparando os dois autores, Borch-Jacobsen & Shamdasani mostram proximidades textuais entre eles, referindo-se: a consideração de que a metapsicologia corresponde a um conjunto de conceitos provisórios (Freud 1920g, p. 60; 1937c, p. 225; Mach, 1905, p. 9); a natureza especulativa dos conceitos (ficções) iniciais de uma ciência (Freud 1915c, p. 116; Mach, 1905, p. 9); a concepção de conhecimento científico como uma maneira de descrever, aproximadamente e progredindo nesta direção, os fatos (Freud, 1914c, p. 77; 1923a, pp. 253-254; Mach, 1905, p. 120).

[17] Borch-Jacobsen & Shamdasani 2012a, p. 133.

Paul-Laurent Assoun[18] também dedicou-se a mostrar que Freud utiliza um *vocabulário* machiano ao falar das pulsões como *convenções* e da relação entre ciência e filosofia, também reconhecendo um efeito de *déjà vu* quando lemos Freud tendo o texto de Mach em mente.

Pretendo, neste livro, aprofundar a análise dessa proximidade entre Freud e Mach, defendendo que não se trata apenas de uma questão de vocabulário, mas do fato de Freud pertencer a uma determinada linha de pesquisa, da qual Mach é um representante expressivo, na qual se inserem Fechner (1801-1887), Dubois-Reymond (1818-1896), Hemholtz (1821-1894) e Brücke (1819-1892), o que foi apontado tanto por Szasz como por Assoun, mas que não foi mais amplamente desenvolvido em suas análises. Segundo essa concepção de ciência, encontramos a articulação harmônica entre conceitos e teorias advindas da experiência com outros advindos da especulação ou do fantasiar teórico. Seguindo essa direção de pesquisa, pretendo, analisar mais detalhadamente esta influência de Mach sobre Freud, em termos de uma epistemologia da psicanálise como uma ciência, ou seja, no que diz respeito ao modo como a ciência e o cientista devem trabalhar para desenvolver suas hipóteses, explicações e teorias, mais do que na compreensão de um fenômeno específico que um e outro autor tenham se dedicado a explicar. Não se trata aqui de afirmar que Freud é um seguidor de Mach, mas sim de mostrar que certas posições epistemológicas e metodológicas expressas por Mach fornecem uma compreensão orgânica sobre o lugar, o objetivo e os limites que Freud defende para a psicanálise como uma ciência da natureza, bem como tornam compreensíveis por que Freud não vê problema no uso de conceitos que são apenas convenções ou ficções. Tratarei de, reapresentando as posições epistemológicas e metodológicas de Mach, mostrar o que delas está presente nos textos de Freud, tornando possível cotejar as proximidades e as diferenças entre esses dois autores.

---

[18] Assoun 1981 pp. 73-89; 1985b.

2. Breve biografia de Ernst Mach (1838-1916)

Ernst Mach nasceu em 18 de fevereiro de 1838 em Turas, na Moravia, que na época era parte da Áustria. Seu pai, preceptor de uma grande família vienense, resolveu dedicar-se à agricultura, mudando-se para UnterSiebenbunn (uma pequena vila a 30 quilômetros da capital da Áustria) e responsabilizou-se pelos primeiros passos na educação de seu filho. Foi na biblioteca de seu pai que Mach leu, ainda jovem, os *Prolegômenos a toda metafísica futura* de Kant, obra que o marcará profundamente.[19] Após estes primeiros "estudos", seguiu para a escola dos Beneditinos de Seitenstetten para fazer sua primeira formação, depois cursou o ginásio em Krensier, na Moravia, até que ingressou na Universidade de Viena em 1856.[20] Em janeiro de 1860, recebeu o título de *docteur philosophiae*.

Mach iniciou sua vida acadêmica como docente na Universidade de Viena (1861 a 1864). Após seu doutorado, lecionou matemática na Universidade de Gratz, na Áustria, de 1864 a 1867. Em 1867, seguiu para a Universidade de Praga para lecionar física experimental,[21] permanecendo ali até 1895. De 1879 a 1884, Mach foi Reitor da Universidade de Praga. Suas visitas frequentes a Viena ajudaram-no a manter contato com diversos amigos ilustres, dentre eles, com o escritor e socialista Josef Popper. Em 1895, foi chamado para Viena para ocupar uma cadeira, especialmente criada para ele, de filosofia, história e teoria das ciências indutivas. Três anos mais tarde, em 1898, sofreu um derrame cerebral que o deixou com uma paralisia parcial do lado direito, impossibilitando-o à vida de docente, mas sem afetar suas capacidades mentais. Em 1901, requisitou sua aposentadoria como "professor emérito", tendo, como seu sucessor até 1905, Ludwig Boltzmann.

---

[19] Como declara Mach: "Eu sempre considerei uma sorte particular que o *Prolegômenos a toda metafísica futura* de Kant (1783), que se encontrava na biblioteca de meu pai, tenha caído tão cedo nas minhas mãos (próximo à idade de 15 anos). Este escrito exerceu sobre mim uma impressão forte e indelével, que nenhuma leitura filosófica posterior jamais fez" (1886, p. 30).

[20] Freud ingressa na Universidade de Viena no outono de 1873.

[21] Einstein ocupará a mesma cadeira na Universidade de Praga em 1911.

Mesmo afastado da vida intelectual pública, Mach continuou a trabalhar e a publicar, constituindo um polo de influência importante nas discussões científico-epistemológicas de seu tempo. Mach também foi membro de instituições de renome, tais como a *Academia de Ciências*[22] (1880), a *Câmara dos Senhores da Áustria* (1901), além de ser um tipo de conselheiro do Estado. Ele morreu em 18 de fevereiro de 1916, em Haar, perto de Munique, e foi enterrado com honras oficiais da Áustria-Hungria dos Habsburgos.

Neste livro estarei usando, para citar Mach, suas principais obras publicadas em inglês, especialmente: *The Science of Mechanics. A Critical and Historical Account of Its Development* (1883), *The Analysis of Sensations, and the Relation of the Physical to the Psychical* (1886), e *Knowledge and Error. Sketches on the Psychology of Enquiry* (1905), bem como as traduções francesas desses livros.

3. Aspectos gerais da importância de Mach para a ciência no passado e no presente

No início do século XX, Ernst Mach era considerado o representante maior do pensamento científico empirista, símbolo vivo de uma proposta de articulação entre a física, a fisiologia e a psicologia. Como comenta Holton, sua obra propagou-se de tal forma que suas ideias e atitudes epistemológicas tinham se incorporado à bagagem intelectual de seus contemporâneos.[23]

Citemos duas de suas contribuições para marcar a importância de suas pesquisas no campo da física e da fisiologia: 1) seus trabalhos de balística, realizados por volta de 1870, conduziram, após 1945, à determinação da velocidade do avião supersônico e seu nome ficou conhecido como uma medida ("número de Mach") utilizada para designar uma unidade relativa à velocidade de propagação do som; 2) no campo da "psicofísica", é a ele que se deve a descoberta dos canais do ouvido interno na aquisição do senso de equilíbrio.

---

[22] Também faziam parte dessa Academia algumas figuras que tiveram grande importância na vida e na obra de Freud: Ernst Breuer, Sigmund Exner e Ernst Hering.

[23] Holton 1967, p. 100.

Einstein, que teve Mach como um de seus orientadores de pesquisa, quando jovem, declarou abertamente sua proximidade e dívida com Mach, no que diz respeito à sua própria reformulação epistemológica da física clássica.[24] Não é por acaso que, numa de suas cartas a Mach, ele subscreve: "Eu permaneço seu aluno que o venera".[25] Em 1916, logo após a morte de Mach, Einstein escreve seu obituário, cujos primeiros parágrafos retomo abaixo:

> Recentemente Ernest Mach nos deixou. Ele era um homem de rara independência de julgamento, sua influência na orientação epistemológica dos cientistas da natureza foi muito ampla. O prazer imediato de ver e conceber, o *amor dei intellectualis* de Espinoza, o dominou tão intensamente que até mesmo numa idade já avançada ele via o mundo ao seu redor com os olhos de uma criança, buscando não ser afetado pela vontade nem pelo desejo e ter uma clara visão da conexão das coisas. Mas como foi que um cientista tão respeitado, talentoso, se envolveu com a teoria do conhecimento? Não havia problemas que valessem a pena [ser pesquisados] na sua própria área de pesquisa? Esse é o tipo de coisa que ouço de alguns dos meus colegas, ou que identifiquei nos sentimentos de muitos outros. Não tenho a mesma opinião que eles. Quando penso nos alunos mais capacitados que tive, aqueles que se distinguiam pela liberdade de julgamento e não por mera agilidade, eu constatava que estavam ativamente interessados na teoria do conhecimento. Com alegria levantavam questões sobre os objetivos e métodos da ciência e defendiam suas perspectivas com tenacidade; para eles estas questões pareciam ser importantes. Isto tampouco é de fato surpreendente.
>
> Se eu me volto para a ciência, não com base em coisas externas tais como o dinheiro ou a ambição, nem mesmo, pelo menos não exclusivamente, por causa do jogo e do prazer da ginástica mental, então, se me dedico à minha disciplina, devo ter um interesse a por questões do tipo: Que objetivo a ciência pode e deveria atingir ao qual posso me dedicar? Até que ponto os resultados gerais são "verdadeiros"? O que é essencial, e o que é da ordem de acidentes de desenvolvimento?
>
> Para apreciar o mérito de Mach, não se deve fazer a pergunta: O que Mach pensava a respeito dessas questões gerais que ninguém antes dele

---

[24] Cf. Brian 1996, p. 465; Cohen & Nagel 1968, pp. 68-73.
[25] Holton 1967, p. 108, carta de Einstein de 17/08/1909.

perguntou? [...] "O que Mach ensinou que Bacon e Hume não ensinaram? "O que o distingue essencialmente de John Stuart Mill, Kirchhoff, Hertz, e Helmholtz no que se refere à posição epistemológica em geral em relação com as ciências individuais?" O fato é que Mach, através de seus escritos histórico-críticos [...] exerceu uma grande influência na nossa geração de cientistas da natureza. Chego a acreditar que as pessoas que se veem como opositores de Mach, mal sabem o quanto absorveram a forma de pensar de Mach, por assim dizer, com o leite de suas mães.[26]

Ainda que Einstein reconheça a influência profunda que Mach teve sobre ele, há que se ressaltar que, trinta anos mais tarde, ele retoma criticamente algumas concepções da filosofia da ciência de Mach:

(1944) Eu vejo a fraqueza de Mach no fato de que ele acreditava, mais ou menos, que a ciência consistia numa mera ordenação de material sensorial, ou seja, ele não reconheceu um elemento livre na formação dos conceitos. De certa forma ele achava que as teorias surgiam por meio de descobertas e não via invenções; ele foi tão longe que chegou a consideras as " sensações" não somente como sendo o material que deve ser investigado, mas como se fossem blocos construídos de mundo reais, assim, ele acreditava que tinha conseguido superar a diferença entre psicologia e física. Se ele tivesse tirado todas as consequências [de sua proposta], ele teria que rejeitar não só o atomismo, mas também a ideia de um mundo físico.[27]

(1949) Em meus anos de juventude a posição epistemológica de Mach me influenciou enormemente, uma posição que hoje parece-me ser essencialmente insustentável. Ele não viu, com clareza, a natureza essencialmente construtiva e especulativa do pensamento e especialmente do pensamento científico; em consequência ele condenou a teoria ou aqueles pontos [da teoria] onde o caráter construtivo-especulativo, inconcebivelmente, surgiam claramente, como, por exemplo, na teoria atômica cinética.[28]

---

[26] Einstein 1916, pp. 154-155.
[27] Citado por Blackmore, Itagagi & Tanaka, 2009, pp. 209-210, a partir de Einstein, 1944.
[28] Citado por Blackmore, Itagagi & Tanaka, 2009, p. 210, a partir de Einstein (1949, p. 21).

Mach foi também uma referência nas discussões no campo da filosofia das ciências. Pode-se dizer com segurança que suas ideias contribuíram de forma significativa para grandes reformulações em diversos campos do saber. Verifica-se, por exemplo, sua influência em cientistas e literatos tais como Einstein, Planck, Heisenberg, Hugo Von Hofmansthal, Robert Musil[29] e Franz Kafka,[30] políticos como Bogdanov e Lenin,[31] homens de direito como Hans Kelsen,[32] economistas como Schumpter e Polanyi, matemáticos como R. Von Mises e Georg Helm, filósofos como Schlick, Carnap[33] e Willian James,[34] psicólogos como Skinner e Freud,[35] críticos de arte de primeira linha tais como Carl Einstein,[36] pintores como Paul Klee[37] etc.

---

[29] Musil, autor de *O homem sem qualidades*, fez uma tese de doutorado em Filosofia sobre Ernst Mach: *Para uma apreciação das teses de Mach* (Musil, 1908).

[30] Assoun (1981, p. 85, n54) aponta para o fato de que Gottwald – professor de história natural que dera aula para Kafka no Liceu alemão de Praga – era um seguidor de Mach.

[31] Lenin escreve, em 1908, um texto opondo-se a Mach: *Materialismo e empirocriticismo*. Nesta obra, Lenin vê em Mach uma empreitada metafísica que deve ser ultrapassada pela crítica do materialismo dialético (Lenin, 1908).

[32] Kelsen, com sua teoria positivista do Direito, foi um dos responsáveis pela redação da Constituição austríaca do pós-guerra.

[33] Em 1928, um conjunto de pensadores (matemáticos, físicos e filósofos – Hans Hahn, Oto Neurath, Philip Frank, Moriz Schlick e Rudolph Carnap) fundou a Associação Ernst Mach, que será o berço do Círculo de Viena (Soulez, 1985, p. 33).

[34] Willian James, de passagem em Praga no ano de 1882, escreve para sua mulher sobre Mach, dizendo que nenhum homem lhe havia causado uma impressão assim tão forte de puro gênio intelectual: "Eu acho que nenhuma outra pessoa me deu uma tão forte impressão de ser um puro gênio intelectual". Cf. a importância de Mach para Willian James, em Holton (1993, pp. 7-11).

[35] Cf. Holton 1993, pp. 15-16; Assoun 1981, pp. 73-89.

[36] Carl Einstein (1885-1940), poeta e historiador da arte, foi uma espécie de representante e intérprete da vanguarda artística do início do século XX. Ele foi responsável por uma das primeiras apresentações da arte negra para o público europeu, fato artístico que terá uma importância decisiva para muitos artistas do início do século XX, como comenta Rubin (1984), no texto dedicado a analisar o primitivismo na arte do século XX. Cf. Carl Einstein (1926); Carl Einstein & Kahnweilwe (1993).

[37] Cf. Laude 1984, p. 488.

Qual seria o interesse atual em retomar a compreensão da obra de Mach, para além de um evidente interesse histórico? Em primeiro lugar, trata-se de, seguindo alguns de seus comentadores, considerar Mach como sendo um cientista e um filósofo naturalista, mostrando como nesse autor há uma proposta de articulação entre uma posição positivista com o uso de ficções heurísticas, úteis provisoriamente, para a pesquisa das efetivas relações de determinação entre os fenômenos; em segundo lugar, de aprofundar um estudo, já iniciado por Thomas Szasz, no seu artigo "Mach and Psychoanalysis" (1960), e por Paul-Laurent Assoun (1981, 1985a, 1985b). Essa linha de interpretação, tanto no que se refere a Mach como a Freud, levando em conta a história da filosofia e da ciência alemãs, pode oferecer importantes informações para compreender a natureza e a função das teorias metapsicológicas freudianas como hipóteses especulativas, além de fornecerem também uma compreensão sobre o uso de analogias e metáforas como instrumentos de pesquisa nas ciências empíricas de cunho positivista e naturalista.

Além disso, a apresentação das concepções de Mach sobre o que é a ciência e como ela se desenvolve, sobre a natureza e a função dos métodos e conceitos usados na pesquisa científica, pode esclarecer a muitos estudantes (de diversas áreas do conhecimento) sobre a prática e a psicologia do cientista. Certamente, aqueles que se dedicam ao estudo e à aprendizagem da psicanálise, estarão mais esclarecidos e seguros do que Freud pretendia e do que considerou necessário fazer ou imaginar, tanto em termos metodológicos como teóricos.

* * *

Com o objetivo de esboçar um quadro amplo, ainda que com muitas lacunas, que possa caracterizar a importância da obra de Mach, bem como o conjunto de suas contribuições para a ciência e para a filosofia, retomarei algumas passagens de seus comentadores. Trata-se, aqui, muito mais de indicar a diversidade e a complexidade da sua influência, do que de analisá-la criticamente, em todos os seus aspectos aqui citados. Nesse sentido, estarei apresentando, apenas, algumas passagens dos principais livros dedicados a este tipo de análise, organizando-as em termos cronológicos.

Em 1965 Floyd Ratliff escreve um livro, *Ernst Mach* (1838-1916) *Mach Bands: quantitative studies on neural networks in the retina*, dedicado à análise de um fenômeno que Mach havia estudado (de forma ainda especulativa), mas que em 1965 tinha conseguido os meios empíricos para serem observados, a saber: a formação de imagens na retina e suas relações com a objetividade dessas imagens . Para isso, Floyd, além de retomar os trabalhos e Mach, atualizando-o, também fez alguns comentários sobre a importância de Mach para a história das ciências. Diz Ratliff, sobre o própsito de seu livro: "Esse livro é sobre um homem, um fenômeno visual que ele descobriu, e um problema fundamental na prática da ciência que o fenômeno ilustra. O homem é Ernst Mach, o conhecido físico, filósofo, psicólogo austríaco, do fim do século XIX e início do século XX. O fenômeno é o efeito de contraste do brilho conhecido agora como as bandas de Mach. O problema prático é como diferenciar, nesse ou em qualquer fenômeno, as propriedades do observador das propriedades da coisa observada".[38]

Em dezembro de 1966, ocorreu, em Whashington, D.C., o *Encontro Anual da American Association for the Advancemente os Science*, dedicado a comemorar o 50 aniversário da morte de Ernst Mach, com conferências sobre os fundamentos filosóficos e histórico da física e das ciências em geral. A partir deste conjunto de trabalhos apresentados, Robert S. Cohen & Raymond J. Seeger, editam o livro *Ernst Mach: Physicist and Philosopher* (1970), mostrando a importância e a atualidade de sua obra. Retomo, abaixo, alguns comentários de alguns dos conferencistas:

> Mach diz aqui que o atomismo determina nada mais do que modelos simples e que a própria teoria precisaria de mais explicações e não é "a última e a mais elevada", e ainda: "Pode-se também considerar a teoria atômica como uma fórmula que levou a muitos resultados e no futuro pode levar a

---

[38] Ratliff 1965a, p. 1.

mais. De fato, seja qual for a visão metafísica futura da matéria, deveria ser possível traduzir nela os resultados da teoria atômica, da mesma forma que é possível expressar fórmulas em coordenadas polares ou em coordenadas paralelas". Trata-se certamente de uma visão dualista de natureza física e deve ser vista como uma das muitas intuições de Mach a respeito das coisas por vir. Alguns anos mais tarde, Mach sugeriu que se poderia considerar "fatos moleculares musicalmente", ou seja, como sistemas vibrantes; um outro *aperçu* em formulação verdadeiramente oracular.[39]

Mach esclarece que a maioria dos fisiologistas da época acreditava que "os fenômenos nos organismos animais são essencialmente os mesmos que na natureza inorgânica; que os fenômenos vitais só se realizam através da cooperação de forças físicas, que consequentemente era possível se desfazer do conceito de uma força vital, a qual, se ainda se quisesse conservar o nome, seria só um termo geral para o conjunto de forças físicas que atuam no organismo". Ele discute então a relação entre as hipóteses de força vital e de teleologia. Ele considera a suposição de uma atividade intencional da natureza como um erro "visto que o conceito de um objetivo pressupõe um interesse pessoal que se forma na vida do homem e só poderia ser aplicado a ele [...] é evidente que a transferência arbitrária desse conceito [atividade intencional] para os eventos na natureza é um *coup de force* (*Gewaltstreich*)". Mach usa, com frequência, uma linguagem muito maleável ao expressar as suas convicções, embora nunca deixe, na apresentação de qualquer argumento, de mostrar o outro lado desse mesmo argumento.[40]

Quais são, então, legitimamente as posições de Mach? Em reação aos céticos, ele desejava que a ciência só afirmasse aquilo que se fundamenta em provas. Como tantos empiristas, mas talvez mais obstinadamente, ele acreditava não na especulação, mas na intuição [percepção], e sobretudo que sensações físicas são a fonte das provas, em qualquer campo de investigação. Sensações não podem revelar o que não está dado para a sensação, tampouco se pode inferir conhecimento do que está por trás da percepção. [...] [os] dados dos sentidos são o modo de evidência comum compartilhado, para cada observador e para cada ciência. Portanto, o solipsismo é um *a priori* excluído. Assim também é a compartimentalização estanque da ciência. De

---

[39] Blüh 1970, pp. 6-7.
[40] Blüh 1970, pp. 7-8.

fato, a unificação das ciências é pelo menos lógica e epistemologicamente possível [...].[41]

Há, portanto, dois Machs: um que atribui um papel importante para as hipóteses – mesmo quando são parciais – e outro cujo programa era eliminar da ciência toda ilusão e simulacro, ou seja, toda metafísica. A razão pela qual o Mach antimetafísico não se sentia limitado pelo fato de a ciência ser banhada de hipóteses é que, ao se confrontar com isso, ele fazia o papel do Mach evolucionista.[42]

À regra da economia do pensamento, ele acrescenta a sua mais importante concepção de investigação: "o princípio do completo paralelismo do psíquico e do físico [...] que admite que não há nenhum fosso entre as duas instâncias" [*Analysis*, 1886, p. 60]. Isso não significa uma simples correspondência de uma entidade física para cada entidade psíquica (e vice-versa, acrescenta Mach, [...]), tampouco uma teoria de duas entidades [duas substâncias, o pensamento e a extensão, o corpo e a alma, etc.][43], quer em Hume ou Espinoza, ou mesmo Fechner. Reconhecidamente, os elementos não são psíquicos nem físicos; somente as nossas convenções, no sentido de agrupá-los, podem ser etiquetadas assim. Entretanto, a partir dos exemplos interessantes e detalhados de Mach, podemos concluir que ele relaciona, de maneira causal, sensações psicológicas a fisiológicas (ou seja, físicas), que acompanham situações e processos; e ainda, numa passagem posterior, ele observa, como um bom reducionista, talvez até mesmo materialista, que o seu "ideal de psicologia deveria ser puramente fisiológico"; contudo, ao mesmo tempo, ele insiste que seria "... um grande erro rejeitar inteiramente a psicologia chamada de 'introspectiva'... em muitos casos o único meio de obter informação relativa a fatos fundamentais" [*Analysis*, 1886, pp. 340-341]. Mach dá uma dica sobre suas preferências; a descrição física é mais precisa, mais completamente determinante, enquanto que a descrição psicológica é mais vaga, mais fragmentária; de fato, para Mach, as experiências psíquicas são determinadas por circunstâncias fisiológicas que são – pelo menos para o conhecimento científico atual – complexas demais para serem entendidas, e ainda muito desvinculadas da hipótese de um dia termos ciências

---

[41] Cohen 1970, p. 127.
[42] Cohen 1970, p. 145.
[43] Os acréscimos, entre colchetes, são meus.

descritivas completas, "somente uma parte mínima dos vestígios dos processos físicos aparece na nossa apresentação" [*Analysis*, 1886, pp. 340-341]. Trazemos o físico e o fisiológico para a nossa vida psíquica, como um elemento crucial da realidade experienciada, e nós o percebemos cientificamente como, de fato, físico e fisiológico, ou seja, nós o percebemos dentro do fluxo da experiência, como científica e descritivamente interligado, e assim duplamente: sistematicamente interligado com outros fatos físicos e fisiológicos (elementos), e interligado a um ponto cada vez mais claro com os fenômenos psicológicos ou mentais. Para deixar isso claro, vejamos uma analogia: o determinismo fornecido pelo inconsciente na tentativa de Freud de explicar a vida consciente experienciada era semelhante ao determinismo fornecido pelo físico e fisiológico em Mach. A analogia, incidentalmente, não é um acidente: Freud leu Mach cuidadosamente. "A ciência da psicologia é auxiliar da física. Ambas se apoiam mutuamente, e é só quando estão unidas que uma ciência completa se forma" [*Analysis*, 1886, pp. 340-341], diz Mach, e Freud evidentemente concordava. As possibilidades de busca de unidade variam segundo a época. A unidade da ciência não era um fato na época, quando Mach escreveu, tampouco é agora. A sua abertura para a teoria parece lhe oferecer um otimismo à maneira de Mach. [...]. O fenomenalista Mach, de maneira irônica e profunda, parecia fornecer uma boa teoria; ele não coloca limites em padrões de conceitualização, tampouco em nenhuma bifurcação cartesiana entre campos empíricos. O movimento para a unificação da ciência não conseguiu enriquecer a ciência como Mach afinal desejava. Mas os seus herdeiros fizeram o que estava prescrito: métodos de teste comuns, suportes mútuos, integração enciclopédica. Por trás disso, desejava-se uma verdadeira unidade Machiana na descrição [dos fenômenos da natureza], mas esse desenvolvimento se perdeu ao longo do caminho. Numa passagem comovente, Mach diz que os pensamentos do cientista não estão fora da natureza; assim como o cientista faz parte da natureza, os seus pensamentos também fazem. E o mundo natural não é separado [do cientista]; é um só. Isto é mais do que um mero fisicalismo.[44]

A filosofia mais elevada do investigador científico é *suportar* uma concepção de mundo incompleta e preferi-la a qualquer concepção aparentemente completa mas inadequada" [*Mechanics*, 1883p. 560]. Mach era um

---

[44] Cohen & Seeger 1970, p. 149.

positivista e historiador. Os dois contribuíram para a sua descrição da motivação e da dinâmica da ciência. Ambos estão ligados por seu instrumentalismo.[45]

Podemos observar o crescimento da ciência biologicamente [em termos biológicos] como [se fosse] o desenvolvimento de um novo órgão, a mente, e ao mesmo tempo entender o comportamento da mente, madura psicologicamente, através de suas origens? Em primeiro lugar, é claro, devemos perguntar: qual origem? Tribal ou individual? Pouco importa, diz Mach, dado que seus desenvolvimentos são os mesmos. Mach estava convencido de que a história da ciência nos tempos primitivos era semelhante às respostas técnicas espontâneas de crianças muito novas; ele usou o seu filho Ludwig para testar essa ideia. A sua técnica de investigação não era de observação direta. Era uma tentativa de recuperar lembranças infantis; elas revelavam o que Mach descreveu, na sua última obra [*Kultur und Mechanik*, 1915], como "experiências sensoriais dinâmicas poderosas, inextinguíveis, (que) nos levam subitamente para mais perto das origens instintivas de todos os dispositivos, tais como instrumentos, armas e máquinas". E mais tarde, numa passagem sobre a tecnologia primitiva, ele observou: "Se *pensamos e sonhamos*, contudo, sobre essas coisas de épocas há muito tempo extintas, então, como ilusões, velhas lembranças de experiências e sentimentos despertam em nós, e mergulhando novamente no nosso mundo infantil de sensações de outrora, vagamente aprendemos e aguardamos os múltiplos desenvolvimentos e meios de descoberta daqueles dispositivos de variedade incomensurável". Estas são afirmações que Freud poderia fazer: a realidade contínua e a eficácia de sensações que não são mais sentidas, nem diretamente nem na lembrança, mas reprimidas; o papel de sonhar como uma entrada numa parte do mundo da experiência que não é publicamente observável nem diretamente introjetado; a busca da história da cultura através da psicologia individual. E a observação de Mach mais pungente nessa ligação: "Pode ser que a sensação e compreensão inconsciente tenham suas raízes nas nossas lembranças ou nas dos nossos ancestrais". Ferenczi, o mais filosófico dos terapeutas psicanalíticos, acolheu essas especulações de Mach, e incitou a pesquisa colaborativa na criação de atividades científicas por psicólogos, físicos, e outros cientistas especializados. Embora fosse respeitoso, Ferenczi criticou Mach por não conseguir compreender a raiz libidinal das descobertas

---

[45] Cohen & Seeger 1970, p. 150.

científicas e técnicas; apesar de ter concordado com Mach em relação à adaptação à realidade (que é a outra raiz), ele lamentava que Mach não percebesse completamente a importância da libido na ciência. Em outras palavras, de acordo com Ferenczi, há duas fontes de desenvolvimento humano (incluindo a ciência), a adaptação e a libido, a realidade e o prazer; e Mach atualizado diria somente adaptação, tendo a libido como seu instrumento. Qual está certa é uma questão empírica. Adaptação à realidade é, para o psicanalista, 'egoísta', e deveria estar ligada ao 'ego', ou seja, à racionalidade e à inteligência. Para Mach, ao contrário, a adaptação à realidade não é, de fato, egoísta, não nos conduzindo a nenhum tipo de ego, apesar de ter nos tornado racionais e inteligentes. Ferenczi não percebeu como é substancial o desafio da hipótese psicanalítica para a lógica da ciência de Mach. Aqui, numa outra forma de biologismo (que também é certamente evolucionista), Mach parece encontrar a emergência causal de um ego objetivo, cujas experiências características têm uma coerência e uma estrutura derterminística – tal como um mecanismo! [...] [Mach desenvolve] uma visão instrumentalista descritiva da ciência tão longe quanto possível.[46]

Há algo de surpreendente a respeito dos ensinamentos de Mach. Filósofos com frequência, o ridicularizam ou rejeitam com desdém como sendo o trabalho de um físico que se entretém com a filosofia; os físicos, em geral, o condena como [tendo proposto] aberrações do caminho correto da ciência natural respeitável, realista. Contudo, nem físicos nem filósofos, nem historiadores nem sociólogos, tampouco muitos outros, podem se livrar de Mach. Alguns o atacam veementemente; outros o exaltam com fervor. Há algo de fascinante em relação aos seus ensinamentos simples e diretos. Apesar de sua simplicidade, são estimulantes e provocadores. Há de fato uns poucos pensadores que podem causar essas diferenças nítidas de opinião, são muito inspiradores para uns e profundamente repulsivos para outros.[47]

De acordo com Ernst Mach, por outro lado, a física não passa de uma coleção de declarações sobre as relações entre percepções, e as teorias não passam de meios econômicos de expressão para resumir essas relações. "O objetivo das ciências naturais", diz Mach, "é obter conexões entre os fenômenos. Entretanto, teorias são como folhas secas, que caem depois de terem permitido que o organismo da ciência respirasse por um tempo" [*History*

---

[46] Cohen & Seeger 1970, pp. 152-153.
[47] Frank 1970b, p. 219.

and Root of the Principle of the Conservation of energy, 1911]. Essa concepção fenomenalística, como é chamada, já era conhecida por Goethe. Na sua obra póstuma *Máximas e Reflexões*, Mach diz: "Hipóteses são os andaimes que se erguem diante de um edifício e que são tirados quando o edifício está acabado. São indispensáveis para o trabalhador; mas ele não pode confundir os andaimes com o edifício".[48] E de forma ainda mais ; drástica: "Somente a constância dos fenômenos é importante; o que pensamos a seu respeito é bastante imaterial".[49]

Estou inclinado a admitir que a doutrina fenomenológica agrada aqueles cujo trabalho na física é mais descritivo do que construtivo. Muitas dessas pessoas, que são capazes de descrever fenômenos claramente definidos – mesmo sendo muito especiais – podem se ver, por causa dessa doutrina, como absolutamente superiores ao espírito imaginativo, criativo, cujas obras, afinal, não passam de fantasmas e "folhas secas". Não acredito, contudo, que para pessoas com esse caráter a filosofia de Mach tenha paralisado a imaginação. Trata-se antes de uma imaginação paralisada pela natureza, que usa os ensinamentos de Mach como um manto bonito para cobrir a sua deformidade. Pode ter havido casos como esses que fizeram Planck, no fim da palestra citada acima [1909, *Die Einheit des Physikalischen Weltbildes*], lançar aos pregadores das doutrinas fenomenalísticas as palavras bíblicas: "Por seus frutos os conhecereis".[50]

Em 1882, o famoso filósofo e psicólogo americano William James viajou pela Europa e em todos os lugares encontrou cientistas interessados no seu campo de trabalho. No fim de outubro, James foi a Praga e encontrou Ernst Mach. James descreveu as suas impressões desse encontro numa carta para a sua esposa nos Estados Unidos: "Mach veio ao meu hotel e fiquei quatro horas andando e comendo com ele no seu clube, uma conversa inesquecível. Acho que ninguém me deu até hoje uma impressão tão forte de pura

---

[48] Na *Interpretação dos sonhos*, Freud afirma, referindo-se à sua hipótese especulativa, analógica, que procura comparar o psiquismo a um aparelho: "eu estimo que nós temos o direito de dar livre curso a nossas suposições, desde que, ao fazer isto, mantenhamos a cabeça fria e não temamos o andaime pelo edifício. Como nós temos a necessidade de representações auxiliares para fazer uma primeira aproximação das coisas desconhecidas, nós preferimos, primeiro, aquelas hipóteses mais brutas e mais concretas" (Freud 1900a, p. 536-537).

[49] Frank 1970b, p. 220.

[50] Frank 1970b, p. 221.

genialidade intelectual. Aparentemente ele já leu tudo e pensou a respeito de tudo, tem maneiras absolutamente simples e um sorriso encantador, quando o seu rosto fica radiante, torna-se fascinantes".[51]

A continuação direta das doutrinas de Mach se deu num grupo de estudiosos cujo centro ideológico era Viena, onde Mach havia trabalhado anteriormente. Ficaram conhecidos como "O Círculo de Viena". Reuniam-se com Moritz Schlick que também era sucessor de Mach como professor de filosofia de Viena e que infelizmente morreu de repente – entre eles havia matemáticos, físicos, filósofos e sociólogos (os mais conhecidos eram Rudolf Carnap, Philipp Frank, Hans Hahn, Karl Menger, e Otto Neurath). Como Mach, Schlick era físico por formação acadêmica. Primeiramente se voltou para a filosofia acadêmica e somente mais tarde, um pouco antes de receber o chamado de Viena, em 1922, ele se voltou para a fronteira entre a física e a teoria do conhecimento. A sua atitude decididamente antimetafísica é o que liga ele e a sua escola a Mach. Mas não podemos deixar de ver que o Círculo de Viena foi além da estrutura criada por Mach e que aceitou a vinda de uma nova ideia criativa, por assim dizer, pelo lado oposto. Mach havia visto a sua própria tarefa, na defesa do aspecto *empírico* das ciências naturais contra as alegações injustificadas dos aprioristas e absolutistas; e não há dúvida de que, no processo, aspectos matemáticos e lógicos da construção científica foram negligenciados. Pouco antes de morrer, ele disse, no prefácio da sétima edição da sua obra *Mechanics*: "Tanto os aspectos empíricos quanto lógicos da mecânica requerem investigação. Acho que isso está perfeitamente claro no meu livro, embora o meu trabalho, por ótimas razões, lide essencialmente com o aspecto empírico".[52]

Mas o verdadeiro efeito das doutrinas de Mach não pode ser avaliado pelo número e o sucesso daqueles que, inspirados por seus textos, tentaram continuar o seu trabalho na mesma direção ou numa semelhante. Na história da vida intelectual, com frequência encontramos a emergência de ideias que prevalecem gradativamente e de forma quase imperceptível, e vagarosamente transformam a forma de pensar do homem. Essas ideias, em geral são preparadas ao longo de muito tempo, e por fim, são adequadamente expressas pela pessoa certa; e acabam se tornando parte do corpo de pensamento comum anônimo. Assim, há pouquíssimos físicos hoje cuja atitude em relação a perguntas fundamentais da ciência, às vezes inconscientes, não

---

[51] Frank 1970a, p. 235.
[52] Mises 1970, p. 267.

foi determinada pelo fato de Mach ter sacudido as fundações da crença dogmática e elucidado concretamente alguns conceitos fundamentais da física. Que pessoa instruída, além disso, contanto que não seja um metafísico profissional, rejeitaria hoje a visão de que o objetivo de toda ciência é apresentar o que pode ser experimentado de uma maneira organizada (ou seja, de uma maneira que usa a economia de pensamento) e calar-se acerca daquilo que *não* pode ser experimentado (o que, em princípio, não pode ser observado)? Os detalhes não importam; o que é importante é a ideia de expor um campo de pensamento, livre da metafísica, que engloba toda a ciência. Não há dúvida de que essa ideia está tendo aceitação mais ampla.[53]

John T. Blackmore, um os mais importantes estudiosos da obra de Mach, publica, em 1972, uma obra dedicada a uma análise mais detalhada da vida e da influência de Mach: *Ernst Mach: His Life, Work, and Influence*. Diz Balckmore, sobre seus objetivos:

Este livro foi escrito tendo vários propósitos em mente. Primeiramente, quis apresentar o maior número possível de informação biográfica nova relativa a Ernst Mach. Meu objetivo era torná-lo mais conhecido do público instruído. Em segundo lugar, eu queria esclarecer toda a gama de suas contribuições para a ciência. Mach não era um simples físico. Ele também contribuiu com um trabalho importante na área da psicologia e da fisiologia e escreveu livros extraordinários sobre a história e a filosofia da ciência. Em terceiro lugar, e fundamentalmente, escrevi este livro procurando enfatizar a influência capital e controvertida das ideias filosóficas de Mach no desenvolvimento da física e filosofia da ciência do século XX. A grandeza de Mach reside na sua tentativa de basear a física moderna na epistemologia presentacionalista na tradição filosófica de Berkeley, Hume, e Kant. Essa ambição é a razão pela qual Ernst Mach é hoje uma figura tão controvertida. Muitas pessoas, inclusive eu, rejeitam a tradição de Berkeley, Hume e Kant na filosofia, e acham que ela interferiu seriamente no desenvolvimento da ciência do século XX. Mas embora eu me oponha a quase todos os aspectos da filosofia de Mach, tentei ser elucidativo e justo. Mach era um bom cientista, um filósofo importante, e considerando sua inflência científica e filosófica deveria ser mencionado ao lado de Max Planck e Albert Einstein.[54]

---

[53] Mises 1970, p. 268.
[54] Blackmore 1972, p. vii.

Ernst Mach adquiriu uma reputação científica modesta muito antes de ter se tornado bastante conhecido como filósofo. De fato, ele nunca se considerou um filósofo, ele negava ter um sistema, e preferia se ver como um físico com interesse na história e metodologia da ciência. Ele até considerou suas críticas como inovadoras, no que se refere às ideias de Newton sobre massa e espaço, tempo e movimento "absolutos", como basicamente científicas e não de caráter filosófico, apesar da íntima semelhança entre suas opiniões e as do filósofo George Berkeley (do século XVIII). A atitude de Mach a esse respeito influenciou profundamente até mesmo grandes cientistas fazendo-os adotar inconscientemente não somente suas ideias enquanto metodologia científica, mas sobretudo, suas hipóteses epistemológicas. Logicamente, quando esses cientistas enfim acordaram para o verdadeiro caráter da cruzada filosófica de Mach, surgiram amargas controvérsias que atormentaram os últimos anos da vida de Mach e que de fato nunca cessaram.[55]

Em 1992 Blackmore procura aprofundar o que ele começara em 1972, com um novo livro: *Ernst Mach – A Deeper Look. Documents and New Perspectives* (1992a). Neste ele fornece ao leitor de língua inglesa um material que não só atesta a retomada pelo interesse da obra de Mach na Europa e na Ásia, como também apresenta uma série de documentos (correspondências, textos de Mach e de seus contemporâneos, especialmente os relativos às controvérsias de Ernst Mach com Max Planck, além de oferecer evidências básicas para resolver a questão da oposição entre Mach e Einstein no que se refere ao atomismo e à teoria da relatividade) que mostram a importância deste pensador para o desenvolvimento das ciências e da filosofia no século XX. Retomo, abaixo, algumas passagens da introdução desse livro:

> Ernst Mach se via muitas vezes como um físico muito interessado na epistemologia da ciência. Aparentemente, ele queria basear o que considerava real na posição epistemológica de que somente as sensações ou o que ele chamou de "elementos" podiam ser absolutamente certos. Mas para as pessoas que negam que nada pode ser absolutamente certo para seres humanos finitos e imperfeitos, ou seja, que rejeitam a epistemologia ou teoria do conhecimento no seu sentido extremo, há uma tendência a associar a ontologia

---

[55] Blackmore 1972, p. viii.

ou a visão de mundo de Mach não somente ao seu fenomenalismo, mas também às outras coisas que normalmente tratou como reais, mesmo que não pudessem ser conhecidas com certeza absoluta, infalível ou incondicional. Uma vantagem no uso dessa abordagem em relação a Mach é que a sua teoria da [economia do pensamento] agora faz muito mais sentido e se torna muito mais compatível com o resto da sua filosofia. O que é *"Denkökonomie"*? Uma forma levemente disfarçada do tradicional meio que leva ao fim, de lógica volitiva, algo bastante essencial tanto na vida prática quanto em muitos aspectos de fazer ciência. Embora a recente renovação de interesse em Mach tenha muitas fontes, talvez a que tenha o potencial mais filosófico se volta para o que se pode chamar de investigação "pós-epistemológica" do "novo" Mach, ou seja, das posições que ele parece ter assumido ou sustentado, mas com menos – frequentemente, muito menos – certeza absoluta.[56]

Em termos da posição darwiniana de Mach segundo a qual todas as atividades humanas, inclusive a ciência e a epistemologia, são ferramentas para ajudar o ser humano a sobreviver num nível civilizado e o seu corolário lamarckiano que adquiriu características tais como hábitos econômicos podem estar sujeitos à herança, parece difícil dar importância às suas alegações fenomenológicas ou epistemológicas relativas a conhecer sensações ou elementos com absoluta certeza, também são simples meios ou ferramentas para ajudar um fim biológico provavelmente válido. Em relação à sua teoria da economia, no sentido mais amplo, parece ter se voltado para os fins biológicos. Isso sugere que as críticas de Planck, Einstein, e de outros, dirigidas à teoria de Mach, embora muito válidas ao tratar da ciência como um meio em si mesmo, podem ter menosprezado a mensagem maior de Mach. Mach e o seu colega Ludwig Boltzmann eram contemporâneos de Darwin e pensavam muito em termos darwinianos e lamarckianos, mas Planck e Einstein, homens de uma geração posterior, tratavam a física mais como uma disciplina autônoma e não como um meio para atingir um fim fora de si mesmo. Isso restringiu consideravelmente a forma de entenderem a teoria da economia de Mach e o uso de métodos econômicos na ciência. Podiam aprovar o uso da economia como simplicidade lógica, mas resistiram a noções psicológicas e biológicas, tal como poupar tempo e esforço, visto que bons cientistas devem estar dispostos a dedicar o tempo e esforço necessários para fazer o melhor trabalho possível. Provavelmente estavam certos num determinado sentido em relação à investigação com bons resultados, e

---

[56] Blackmore 1992b, pp. xv-xvi.

uma grande parte do seu trabalho em geral era desproporcionalmente bem-sucedido e importante, assim foi pelo menos por alguns anos, mas eles não pensavam na ciência como um meio para atingir um fim, muito menos um fim biológico, ou mesmo na utilidade geral dentro da ciência de não desperdiçar tempo e esforço, algo que a busca determinada de pistas falsas pode produzir. Talvez o próprio Einstein tenha perdido um certo tempo e esforço durante a segunda metade da sua vida? Persistir na "ciência nãoeconômica"? Evitemos uma resposta indelicada ou prematura. A questão é que a teoria da economia de Mach pode muito bem merecer uma segunda análise, que está sendo feita por um número crescente de cientistas, filósofos, administradores, e talvez no futuro, por especialistas financeiros. Qualquer economia pode parecer ir contra o desejo dos cientistas de receberem todos os recursos necessários para progredir, apesar de empobrecer outras disciplinas e áreas da vida, mas para evitar algum tipo de reação negativa no futuro contra a ciência "anti-econômica", talvez fosse bom que mesmo físicos usassem um pouco mais de "*Denkökonomie*" psicológica e biológica.[57]

Além disso, uma diferença pouco percebida mas bastante importante entre a abordagem de Mach em relação à ciência e a dos positivistas lógicos posteriores refere-se às suas respectivas atitudes em relação ao metafísico como algo "sem sentido". Para estes últimos, isso se situava além da ciência, mas para Mach era justamente aquilo que parecia metafísico ou sem sentido como o que ainda não está relacionado, que *pedia* investigação científica para dar um sentido, encontrando relações com o que é sensorial e empírico. O metafísico ou sem sentido, como o ainda não experimentado ou ainda não entendido ou mesmo como o que parecia incapaz de ambos, era para Mach uma oportunidade ou desafio para a ciência, mas estando fora da ciência para os positivistas. Nesse sentido, Paul Feverabend está provavelmente certo ao diferenciar de forma tão nítida Mach dos seus sucessores.[58]

Blackmore, Itagagi, & Tanaka, publicam, em 2001, o livro *Ernst Mach's Vienna 1895-1930. Or Phenomenalism as Philosophy of Science*, apresentando novas análises sobre a influência de Mach em Vienna, destacando como o seu modo de pensar influenciou pensadores tais como Schödinger, Otto

---

[57] Blackmore 1992b, pp. xvi-xvii.

[58] Blackmore 1992b, pp. xvi-xvii.

Neurath, Wittgenstein, Carnap, Musil, Husserl, etc. Retomo algumas de suas considerações:

> Este livro conta a história de um importante movimento de uma minoria que rejeitou as visões representistas relativas à matéria que Galileu, Descartes, Boyle, Locke, Newton, Darwin e a maioria dos cientistas parecem ter aceitado desde o século XVII. Em particular, é antes uma história detalhada da difusão do fenomenalismo de Ernst Mach e de sua versão da ciência física de "salvar as aparências". A prosa de fácil compreensão, de Mach atraiu muitos leitores por volta de 1895 a 1910, mas encontrava forte resistência primeiramente em outros movimentos presentes na Áustria e Alemanha, tal como a fenomenologia de Husserl; e em segundo lugar, depois de ter primeiramente a sua simpatia, encontrou a oposição dos dois principais fundadores da "física moderna", Max Planck e Albert Einstein. Foi até mesmo criticado por Vladimir Lenin, um líder bolchevique que se tornou ditador na Rússia, que usou essa oposição como parte de um teste decisivo para ajudar a determinar quem era um "verdadeiro comunista".[59]

> Mas muitos aspectos da visão de Mach continuaram a ser determinantes mesmo na "Viena Vermelha" que parece ter existido depois da Primeira Guerra Mundial e como se sabe incorporou-se amplamente durante os anos 1920, no que se chamou "O Círculo de Viena" e mais tarde no "Positivismo Lógico". Parte dessa ressurreição foi possível por causa de seguidores de Mach, tais como Philipp Frank, Otto Neurath, Hans Hahn, Rudolf Carnap, e outros que mais tarde se tornaram membros do Círculo e do Empirismo Lógico, dando assim um tipo de continuidade a um movimento minoritário que provavelmente teve mais influência metodológica clara nos tempos recentes do que qualquer outra escola organizada, pelo menos, entre filósofos da ciência e até certo ponto mesmo entre cientistas.[60]

> Há muitas opiniões sobre Mach e seus defensores, e todos merecem atenção, portanto, reunimos e apresentamos uma antologia com muitas perspectivas e abordagens diferentes. Não se trata somente de uma monografia. Tampouco devemos negligenciar as inúmeras contribuições válidas que Ernst Mach fez para a psicologia e a fisiologia do sentido das Bandas de

---

[59] Blackmore 2001, p. 3.
[60] Blackmore et al. 2001, p. 3.

Mach e sua descoberta do fenômeno de Gestalt à sua explicação da função de equilíbrio do ouvido interno. De fato, mesmo algumas das suas contribuições para a metodologia da física têm valor, tal como o seu estudo do uso das analogias e similaridades, e como levaram a muitas descobertas importantes.[61]

A filosofia de Ernst Mach ainda é respeitada nas palavras moderadas de historiadores atuais da filosofia, tal como Rudolf Haller e Friedrich Stadler (1988). Haller escreve sobre a possibilidade da influência de Ernst Mach em Ludwig Wittgenstein. Ludwig Wittgenstein iria formular mais tarde em sua obra *Tractatus logico-philosophicus* seguindo Mach: "O mundo é a totalidade de fatos e a tarefa da investigação científica é formar uma imagem desses fatos em pensamento".[62]

A filosofia de Mach e sua ampla disseminação por volta de 1895 a 1930 tornou-se raízes da recente filosofia da ciência [...] mas que sob o próprio nome de Mach ou do Positivismo Lógico também foram muito desacreditadas. Especialmente ofensivas para os defensores de Mach, como já sugerido em parte, eram as críticas de Planck, Einstein, e no campo político, de Lenin, e pela impressão de que Mach rejeitava tanto a realidade dos átomos quanto a verdade da teoria da relatividade. Mas se verificarmos a filosofia contemporânea da ciência, ainda encontraremos inúmeros vestígios machinianos, em particular na epistemologia e na ontologia. Muitos pensadores jovens vão opor a ciência à "metafísica" como se fossem incompatíveis. Resumindo, muitas pessoas ainda rejeitam um mundo físico transconsciente como "metafísico" ou "sem sentido".[63]

Pode-se não concordar com o fenomenalismo de Ernst Mach, mas ele era um homem honesto. Ele percebeu que tanto o fenomenalismo epistemológico quanto o ontológico eram posições filosóficas que ele sustentou em termos de crença e normalmente de suposição, pelo menos na filosofia da ciência. [...] Não se deve confundir uma posição filosófica com a sua expressão. As palavras não determinam um significado, tampouco são significado. As pessoas usam a linguagem mais para ajudá-las a expressar o que querem, supõem ou acreditam. Trata-se de bom senso, e é uma pena que

---

[61] Blackmore et al. 2001, p. 3.
[62] Blackmore et al. 2001, p. 7.
[63] Blackmore et al. 2001, p. 9.

muitos positivistas lógicos e filósofos da linguagem tenham abandonado esse aspecto fundamental do bom senso.[64]

Ernst Mach alegou em uma passagem que somente as sensações eram reais e em outra que somente as sensações e relações eram reais. Às vezes, a sua posição era imanentista como se somente o que era sentido agora fosse real, mas normalmente ele não acrescentava essa condição temporal, mas se ele aceitou essa suposição ou não continua sendo uma pergunta. Contudo, ele não tinha objeções a teorias, hipóteses e analogias, contanto que ficasse claro que no estágio final da física ou ciência elas desapareceriam e somente a descrição direta de sensações conscientes por funções matemáticas permaneceriam. Ao negar que era um filósofo ou que tinha uma filosofia, ele aparentemente queria dizer que o fenomenalismo fazia parte da sua metodologia da ciência, mas com exceção da ciência, ele podia adotar algo em geral mais prático.[65]

Ernst Mach foi o pai de mais de uma espécie de fenomenalismo e um tipo de tio da fenomenologia, embora a sua influência tenha ocorrido antes, esses movimentos se tornaram claramente distintos um do outro, algo que ainda não ocorreu completamente em algumas disciplinas afora a filosofia, tais como a física e a psicologia. As duas escolas filosóficas eram presentistas em epistemologia e ontologia, mas como sugerido acima no nosso quadro, o fenomenalismo ressaltava os aspectos cambiantes da sensação, enquanto a fenomenologia, tal como foi desenvolvida por Edmundo Husserl, que passou por uma fase *machista* inicial, enfatizava a intuição dos lados e aspectos formais ou ideais da sensação e a consciência. Edmundo Husserl tentou tirar o crédito do fenomenalismo de Mach, alegando que ele era culpado do "psicologismo", tratando a lógica de uma forma mais psicológica do que formal ou idealizada. Entretanto, Mach negou que a abordagem de Husserl fosse diferente de um tipo de psicologia.[66]

Em geral, os fenomenalistas foram mais influenciados pela tentativa de Ernst Mach de redução do conhecimento e da realidade a sensações e relações entre elas, apesar de os fenomenologistas ficarem impressionados com os aspectos formalistas da teoria dos elementos de Mach e em alguns

---

[64] Blackmore et al. 2001, p. 12.
[65] Blackmore et al. 2001, p. 17.
[66] Blackmore et al. 2001, p. 17.

casos com suas contribuições para a psicologia gestáltica. Mach negou que fosse um solipsista baseando-se no argumento de que não há ego, eu, ou sujeito. Representistas, contudo, insistem que além de rejeitar a existência do mundo físico real, ele negava até mesmo a sua própria existência, o que era uma espécie de supersolipsismo ou até mesmo de niilismo. Mas alguns filósofos introspectivos podem chegar a acolher bem o solipsismo "visto que de qualquer maneira a natureza e as outras pessoas só incomodam".[67]

[Phillipp Frank]: Não, eu não iria tão longe. Eu não diria isso. Ele não era contra a interpretação estatística [*per se* mas somente quando se baseava em suposições sobre a realidade dos átomos]. As visões de Mach podem ser encontradas na apresentação do filósofo americano [John Bernard] Stallo. Ele achava que não havia provas suficientes, quero dizer, provas experimentais, para justificar a hipótese de átomos. A partir da perspectiva da filosofia, Mach as rejeitou por razões que são semelhantes às de Stallo. Creio que o seu principal argumento sempre foi que se o átomo fosse como um objeto mecânico, então não era possível explicar por exemplo a grande complicação das linhas espectrais.[68]

[Phillipp Frank]: Principalmente, é claro, seus principais livros: *Mechanik* e *Analyse der Empfindungen*, e um livro que nem mesmo existe em inglês: *Erkenntnis und Irrtum*... O último livro também foi bastante lido em Viena. O químico e presidente da Universidade de Harvard, J. B. Conant, tinha uma ideia completamente errada sobre Mach. Discuti muitas vezes a questão com ele. Mais tarde ele reconheceu isso. Conant gostava de dizer que Mach havia dito que a física era meramente descritiva e, portanto, que [este] não era um método para o progresso na física. Mas, Conant estava errado. No seu *Erkenntnis und Irrtum*, Mach assinala clara e repetidamente que é justamente a descrição simples que produz progresso na ciência. Mas é verdade que em alguns dos seus primeiros livros, ele não tinha enfatizado tanto esse ponto.[69]

Evidentemente, muitas vezes discuti esses problemas com Albert Einstein [Frank havia sucedido Einstein em Praga]. Einstein era muito forte. Há também uma certa perspectiva interessante que se refere à teoria quântica.

---

[67] Blackmore et al. 2001, p. 18.
[68] Frank 1970 [1962], p. 63.
[69] Frank 1970 [1962], p. 63.

Essa ideia que foi desenvolvida anos mais tarde sobre a relação entre a física e a filosofia foi postulada primeiramente pelo próprio assistente de Einstein, Lanczos. Para ele, a teoria [geral] da relatividade baseia-se numa interpretação metafísica da ciência, enquanto a teoria quântica baseia-se numa interpretação positivista da ciência. Quando li isso pela primeira vez, fiquei espantado é claro, pois originalmente a teoria da relatividade [especial] baseava-se no positivismo. Mas a coisa interessante é que essa noção de Lanczos continha uma certa verdade que se vê em toda a história de Einstein.[70]

Foi Einstein que mais tarde abandonou mais ou menos as concepções positivistas da ciência. Esta é umas das razões pelas quais, creio, temos essa antipatia pela teoria de Bohr e pela escola de Copenhague. Ele considerava a escola de Copenhague como algo radicalmente ligado ao positivismo. É claro que originalmente e no primeiro obituário de Mach [1916], escrito por que Einstein, ele ainda [afirmava] francamente que a teoria da relatividade baseava-se nas ideias de Mach. Mas na teoria da relatividade mais tardia [a teoria geral que foi publicada quase que ao mesmo tempo], Einstein enfatizava um outro ponto de vista. Afirma-se que a teoria geral baseia-se mais na teoria de campo e não tanto na interpretação física de medida como era anteriormente. Mas na sua origem, ambas, a teoria quântica [de Copenhague] e a da relatividade estavam ligadas ao positivismo. Talvez isto não seja tão conhecido quanto deveria.[71]

Eu gostaria de falar sobre Heisenberg. No seu primeiro texto, em que introduz sua teoria de matrix, ele diz que a base de sua teoria, tanto em termos de filosofia quanto de ciência, é que deixamos de buscar que tipos de movimentos produzem linhas espetrais; tampouco tentamos reduzir isso à mecânica. Trata-se antes de investigar a radiação em si mesma, as frequências, e tentar dar uma apresentação matemática dessas frequências. Vem, então, a teoria de Heisenberg. Mas Heisenberg no seu primeiro texto já havia mencionado explicitamente que [a sua abordagem] é uma aplicação das ideias gerais de Mach na física. Resumindo, a teoria quântica também está ligada a Mach. Por outro lado, Sommerfeld era, como muitos físicos alemães foram, um grande opositor das chamadas teorias de Mach, e ele acreditava na verdadeira existência das coisas. Lembro-me de um discurso num encontro em que Sommerfeld disse: "Toda a teoria de Mach, a teoria metafísica

---

[70] Frank 1970 [1962], p. 63.

[71] Frank 1970 [1962], p. 63.

de Mach, segundo a qual a física é somente uma descrição, é completamente estéril. É bastante hostil ao progresso na física." Eu lhe disse então: "Há somente duas exceções: a teoria da relatividade e a teoria quântica."[72]

Planck foi um grande inimigo de Mach. Ele chegou a escrever dois artigos contra ele [1909-1911] que foram muitas vezes publicados e republicados.[22] Tampouco creio que estava certo o que Planck disse a esse respeito. Planck era uma pessoa estranha. Embora fosse um homem que teve algumas boas ideias, não pensava sobre as coisas de maneira muito lógica. Com frequência deixava que maneiras de pensar comuns o influenciassem. Mas era um bom escritor, ou seja, um bom escritor comum. Sempre escrevia no *Berliner Tagblatt*. Ehrenfest também ficava impressionado com a sua maneira de escrever. Mas todos os seus textos têm evidentemente muitos erros. Todas aquelas lacunas relativas à teoria da radiação e muitas outras coisas não são muito precisas, embora ele tivesse boas ideias. Com muita frequência ele confundia as outras pessoas com os argumentos dele, que não estavam corretos. Mas ele tinha que usar estatísticas tanto em termodinâmica quanto na teoria da radiação, havia uma certa divergência de opinião entre Boltzmann e ele. E no último livro de Planck, quando tinha mais de 90, a sua *[Auto] biografia Científica* diz: "Sempre lamentei uma coisa na minha vida, ou seja, o fato de nunca ter sido reconhecido por Boltzmann.[23] Mas acho que Boltzmann estava parcialmente errado..."[73]

Falarei sobre a atividade de Mach somente na medida em que pode ser considerado como um dos ancestrais espirituais do Movimento da Unidade da Ciência e particularmente como o verdadeiro mestre do Círculo de Viena. Segundo Mach, esse desejo de fazer uso de um modo unificado de expressão em todos os campos da ciência é um resultado da concepção econômica da ciência. Essa concepção implica a compreensão do maior número de fatos possíveis do sistema, com as proposições as mais simples possíveis.[74]

Em 2003, Erik Banks acrescenta outros comentários, apontado para a importância e a retomada do interesse pelas contribuições de Mach, quase um século depois de sua morte em 1916, no seu livro *Ernst Mach's World Elements*. Diz Banks:

---

[72] Frank 1970 [1962], pp. 64-65.
[73] Frank 1970 [1962], p. 66.
[74] Frank 1970 [1962], p. 74.

Ernst Mach era físico, fisiologista dos sentidos, filósofo e, depois da morte de Helmholtz, provavelmente a última pessoa a fazer contribuições profissionais significativas para estas três áreas. Devido à sua vasta formação, Mach também foi um dos primeiros cientistas a sugerir que os resultados dessas disciplinas especiais deveriam se harmonizar entre si numa filosofia metacientífica natural, na qual, por exemplo, os dados da psicologia seriam avaliados como os dados da física. Mach acreditava, em particular, que não deveria haver um abismo entre a ciência física dos objetos e de seus movimentos e a ciência psicológica das sensações e dos pensamentos.[75]

Os filósofos conhecem Mach como o precursor do Círculo de Viena, esse grupo da metade do século XX de filósofos cientistas que incluía Rudolf Carnap, Moritz Schlick, Otto Neurath, e outros imprecisamente chamados de positivistas lógicos. Acreditava-se que os positivistas tinham um "princípio de verificação" segundo o qual afirmações inverificáveis, em princípio, eram rotuladas de "metafísicas" e retiradas da discussão científica. Pode-se mostrar facilmente que Mach não acreditava nesse princípio, tampouco fazia suas próprias especulações físicas e filosóficas em função disso. Portanto, se o princípio de verificação fosse o padrão de avaliação, Mach não era positivista, pelo menos, não um positivista lógico.[76]

Mach começou a sua formação em física como um franco realista: acreditando num mundo feito *realmente* de matéria que se move no espaço e no tempo, independentemente dos poderes sensoriais do homem. O fato de ler Kant aos quinze anos obrigou Mach a duvidar da aplicação dos conceitos espaciais e temporais ao mundo para além das condições da percepção humana, e o próprio Mach começou a duvidar de *Ding an sich* [coisa em si] ou de uma permanência por trás da aparência da matéria.[77]

Da mesma forma que Mach gostava de falar da revolução científica do século XVII, ele achava que o seu próprio século precisava de uma filosofia natural diferente, uma filosofia que acrescentasse conhecimento de química, termodinâmica e eletrodinâmica, às ciências fundamentais e, que além disso, integrasse os fatos da psicofísica e da percepção à uma visão de mundo científica. Quanto maior a tendência de expansão do conhecimento científico, parece que maior é a pressão interna para que uma filosofia natural

---

[75] Banks 2003, p. ix.
[76] Banks 2003, p. ix.
[77] Banks 2003, p. x.

metacientífica mantenha unidas as distintas partes, embora seja interessante observar que o século XX contribuiu muito para a ciência como um todo sem ter contribuído da mesma maneira para a filosofia natural como nos séculos anteriores.[78]

Em 2009 Blackmore, Itagaki & Tanaka publicaram o livro *Ernst Mach's Philosophy. Pro and Con*, no qual reúnem uma série de textos de autores que se posicionam a favor (Georges Helm, Alberto Einstein, Phillipp Frank, Rudolf Carnap, Paul Feyerabend, dentre outros) e contra Mach (Carl Stumpf, Edmund Husserl, Franz Brentano, Paul Carus, Vladimir Lenin, Max Planck, Albert Einstein, Sir Karl Popper, Michael Polanyi, dentre outros). Retomo, abaixo, dois parágrafos iniciais desse livro, nos quais os autores procuram fazer uma caracterização geral das contribuições de Mach para a filosofia, para a física e para a psicologia:

> Durante os primeiros anos do século 20, Ernst Mach foi amplamente considerado como tendo levado a filosofia e a metodologia da ciência para novos patamares; longe de parecer um idealista ou de ser incompatível com a física, a sua visão de mundo, fenomenalista e antiatomista, foi fortemente vista como sendo um arauto do futuro, como se a sua concepção da física moderna tivesse substituído a mecânica de Newton, quando, de fato, foi a física atômica moderna de Planck e Einstein que fez isso para a maioria dos físicos, enquanto a perspectiva de Mach e a maioria dos filósofos foi, mais uma vez, jogada para as sombras, para só reaparecer uma geração mais tarde com o Positivismo Lógico, e pudessem, então, ter outra epistemologia ou ontologia, na qual os átomos poderiam ser considerados como sendo "entidades teóricas" ou como Philipp Frank coloca, como meros "conceitos auxiliares".[79]

No entanto, nem tudo esta na física e na epistemologia, há outros motivos para admirar aspectos específicos da filosofia de Mach. Para além das contribuições no campo da física e da filosofia, várias de suas contribuições para a psicologia e para a fisiologia, tornaram-se gradualmente reconhecidas como valiosas, desenvolvendo uma tendência, entre alguns filósofos recentes,

---

[78] Banks 2003, p. 15.
[79] Blackmore et al. 2009, p. v.

para identificá-lo muito mais com a psicologia e fisiologia dos sentidos do que com a física ou a filosofia. Isto é claramente uma espécie de resposta encorajadoura, ao mesmo tempo que poderia ser uma perspectiva parcial [reducionista] ignorar as duras críticas dirigidas ao seu fenomenalismo e à sua relutância em aceitar [a realidade dos] átomos e moléculas. Tudo isto deve ser considerado para que se possa ter uma compreensão mais global [da influência de Mach], lembrando, pois, que ele não era apenas um físico ou um filósofo e que várias de suas contribuições noutros domínios são, agora, tratados com muito mais respeito.[80]

4. A presença de Mach na obra de Freud

Na biblioteca particular de Freud, hoje em Londres, encontramos os seguintes livros de Mach: 1) *A natureza econômica da pesquisa na física* (1882), com diversas anotações e linhas sublinhadas; 2) *Contribuições à análise das sensações* (1886); 3) *Conferências científicas populares* (1896); 4) *Análise das sensações e relação do físico com o psíquico* (1900); e 5) *Conhecimento e erro: estudo sobre a psicologia da pesquisa* (1905).[81]

A primeira citação do nome de Mach na obra de Freud aparece pelas mãos de Breuer nos *Estudos sobre a histeria*, de 1895. Nas suas "considerações teóricas", Breuer reconhece na histeria um conflito moral que produz remorso: "Ocorre sempre assim quando o conflito se coloca entre o complexo fortemente implantado de concepções morais e a lembrança de atos ou pensamentos incompatíveis com essas; há, então, *remorso*".[82] Ele acrescenta, ainda, outros comentários afirmando que o conflito psíquico produz estados ansiosos que se associam a fenômenos somáticos (mau humor patológico, estados ansiosos), creditando também a Freud estas observações clínicas. É justamente nessa aproximação com os fenômenos corporais que

---

[80] Blackmore et al. 2009, pp. xiv-xv.

[81] O museu Freud, em Londres, produziu um catálogo da biblioteca de Freud, onde podemos ter acesso à lista de livros que ele possuía, bem como a indicação da presença de notas ou sublinhados nestes livros. Cf. Davies & Fichtner (2006): *Freud's Library. A Comprehensive Catalogue*.

[82] Freud (1895d, p. 210).

Breuer considera estar próximo a Mach, remetendo, então, a compreensão psicológica da histeria a uma compreensão fisiológica:

> Em Mach (1875: *Grundlinien der Lehre von den Bewegungsempfinfugen*. Leipzig), encontro a seguinte passagem que merece ser citada aqui: "Nas já descritas experiências (sobre vertigens), demonstrou-se repetidas vezes que um sentimento de asco sobrevém principalmente quando resultou difícil harmonizar as sensações motoras com as impressões óticas. Era como se uma parte do estímulo, que surge do labirinto, se visse constrangida a abandonar as vias óticas – que estavam fechadas em virtude de outro estímulo – e a se encaminhar por outras vias diversas [...] Também se observou, repetidas vezes, um sentimento de asco no experimento no qual se combinam imagens estereoscópicas que têm grandes diferenças [entre si]". Vê-se aí, límpida e claramente, o esquema fisiológico para a gênese de fenômenos histéricos, patológicos, em virtude da coexistência de representações vividas inconciliáveis.[83]

Na carta a Fliess, de 12 de junho de 1900, encontramos a primeira citação de Freud aos trabalhos de Mach: "Até o momento, as perspectivas são pequenas. Mas, quando leio os livros mais recentes de psicologia (*Análise das sensações*, de Mach, 2.ª ed., *Construção da alma*, de Kroell, e similares), todos têm uma orientação semelhante à de meu trabalho, e quando vejo o que eles têm a dizer sobre o sonho, fico realmente satisfeito, como o anãozinho do conto de fadas, porque 'a princesa não sabe'".[84]

Aqui Freud se alegra porque nenhum dos que ele lê teriam sequer desconfiado da dinâmica psíquica inconsciente que ele supõe para explicar o funcionamento dos sonhos.

De 1895 a 1898, Mach ministrou cursos de epistemologia na Universidade de Viena, onde teve entre seus alunos Sandor Ferenczi e Paul Federn. Em 1915, Ferenczi escreveu uma resenha sobre um livro de Mach,[85]

---

[83] Freud 1895d, p. 210.

[84] Freud & Fliess 1986, p. 418. Freud está se referindo a *Rumpelstilzschen*, dos irmãos Grimm.

[85] O livro de Mach ao que Ferenczi se refere é *Kultur und Mechanik* (1915). Ferenczi escreve sua crítica em 1915 ("La psychogenèse de la mécanique"), mas só a publica em

interpretando-o como um psicanalista. Freud o critica, observando que: "não se deve jamais proclamar como analista alguém que não quer sê-lo, como o monge que reivindica Natham como cristão.[86] Geralmente, ele não sabe que se deseja honrá-lo, e se torna facilmente grosseiro como forma de agradecimento. E depois, isto dá a impressão de que se fala no vazio, sem apoio. De Mach, eu sei que ele me fez enviar-lhe a *Interpretação dos sonhos* e a colocou de lado franzindo a testa".[87]

As referências de Ferenczi não deixam dúvidas sobre o valor dado a Mach, tanto para o mundo intelectual dessa época quanto para o meio restrito dos psicanalistas: "uma sumidade científica reconhecida" e "um dos mais eminentes pensadores e cientistas de nossa época".[88] A resenha que Ferenczi escrevera recebeu de Freud certas ressalvas, visando a evitar um confronto entre a psicanálise e Mach, como comentará Ferenczi numa carta enviada a Hanns Sachs em 23/06/1917: "No passado, o Prof. Freud queria uma modificação da crítica sobre Mach, essencialmente porque ele não queria que nós nos comprometêssemos com ele, ainda vivo na época. Com relação a um morto [Mach morre em 1916], estas considerações caem por terra".[89]

Freud também se refere a Mach em seus textos, ainda que não o faça para discutir conceitos. Em 1919, no texto sobre o inquietante (*Das Unheimliche*), afastando todo tipo de explicação animista e referindo esse fenômeno a causas naturais,[90] ele ilustra sua análise lembrando episódios ocorridos com Mach e com ele próprio:

1919; em 1920, Ferenczi também publica, dando continuidade a esse tema, "Suplément à la psyhogenése de la mécanique". Cf. Ferenczi 1919.

[86] "'O irmão: Natham, Natham! Você é um cristão! – Por Deus, você é um cristão! Um cristão como jamais houve! Natham: Pois bem! Pois o que me faz cristão a seus olhos, o faz um judeu aos meus!' (Gotthold Ephraim Lessong (1729-1781), *Natham le Sage* (1779), trad. F. Rey, nº 33, José Corti, coll. 'Romantique', 1991, acte IV, scène VII, p. 193-194)". Freud & Ferenczi 1996, p. 105, n3.

[87] Freud & Ferenczi 1996, 26/11/1915.

[88] Ferenczi 1919, p. 33.

[89] Freud & Ferenczi 1992, p. 250.

[90] Freud 1919h, p. 248.

Dado que o inquietante ligado ao duplo pertence também a esta espécie, será interessante apreender o efeito que se produz quando nos acontece sermos confrontados com a imagem de nossa própria pessoa sem que se tenha sido chamado a isso nem seja esperado. E. Mach relata duas observações deste tipo em seu *Análise das sensações*, 1900, p. 3. Uma das vezes, ele não ficou pouco surpreso quando reconheceu que o rosto que via era o seu; a outra vez, ele faz um julgamento bem desfavorável sobre uma pessoa aparentemente estrangeira que subia no seu ônibus: "Quem é então o mestre de escola envelhecido que sobe aqui?" – eu posso contar uma aventura análoga: eu estava sentado só num compartimento de vagão-dormitório, quando, sob o efeito de uma sacudidela do trem um pouco mais rude que os outros, a porta que levava aos banheiros contíguos se abriu, e um senhor de uma certa idade de pijama e com o boné de viagem sobre a cabeça entra na minha cabine. Eu supus que ele tinha se enganado de direção saindo da cabine que se encontrava entre os dois compartimentos e que ele tinha entrado no meu por engano; eu me levantei num sobressalto para desfazer-lhe de seu engano, mas reconheci rapidamente, aturdido, que o intruso era minha própria imagem reenviada pelo espelho da porta de comunicação. Eu sei ainda que esta aparição tinha me sido muito desagradável. No lugar de temermos nosso duplo, nós, Mach e eu, simplesmente não o reconhecemos. Mas os desconfortos concomitantes não tinham sido, da mesma maneira, um resto desta reação arcaica que ressentem o duplo como inquietante?[91]

Em 1925, Jones faz um comentário que confirma a importância que Freud e Mach tinham para o cenário intelectual da época: "Na ocasião de um recente jantar dado na Sociedade Anglo-Austríaca no qual eu estava presente, Lorde Haldane, convidado de honra da noite, trata em sua apresentação de diversas contribuições dadas por Viena à civilização através dos tempos. Os quatro nomes que ele escolhe para ilustrar seu ponto de vista foram o de Mozart, Beethoven, Mach e Freud".[92] Além disso, Jones ao analisar a posição filosófica de Freud no que diz respeito à relação entre o espírito e a matéria, propõe alinhá-lo com os fenomenólogos, dentre os quais reconhece o nome de Mach como representante dessa linha de pensamento.[93]

---

[91] Freud 1919h, p. 248, n1.

[92] Jones 1957, p. 124, v. III, carta de Jones a Freud em 15/05/1925).

[93] Jones 1953, p. 402, n2.

Em 1932, Freud lembrou-se de Mach como um amigo de Joseph Popper-Linkeus. "Mas Joseph Popper vinha da física, ele era um amigo de Ernst Mach; eu não queria deixar perturbar a feliz impressão que eu tive de um acordo entre nós sobre o problema da deformação do sonho."[94]

Um episódio importante de 1911 deve também ser lembrado. Freud assina, com Mach e Einstein, um tipo de manifesto conclamando cientistas e filósofos a apoiarem a criação de uma "Sociedade para a filosofia positivista". Essa declaração pública faz parte de uma discussão em voga na Alemanha, no início do século, sobre a natureza das visões de mundo científicas. Duas perspectivas se opunham: a que considerava que as teorias científicas tinham o compromisso de fornecer um conhecimento que seria um tipo de *representação real* do mundo fenomênico, e a que tomava as teorias como *representações úteis* para a resolução de problemas, não correspondendo necessariamente a uma imagem real dos fenômenos, ou seja, teorias de validade apenas heurística. Os dois grandes nomes que estão por trás desse documento eram Max Planck a Ernst Mach no quadro do que ficou conhecido como a polêmica Mach-Planck, registrada por uma série de artigos nos quais eles se opõem criticamente um ao outro e pelo documento que agrupa, em torno de Mach, alguns aliados importantes de sua época, tais como Freud e Einstein.[95]

---

[94] Freud 1932c, p. 224.

[95] Planck publicou o artigo "The Unity of the Physical World Picture" (1908) criticando as posições de Mach que, por sua vez, responde publicando o artigo "The Leading Thoughts of My Scientific Epistemology and Its Acceptance by Comtemporaries" (1910), seguindo-se, então, mais uma resposta de Planck, "On Mach's Theory of Physical Knowledge" (1910), e um comentário, mais tardio, de Mach, "Mach departs from the Austrian Academy of Sciences" (1913). A polêmica gira em torno da questão da avaliação do estado cognitivo das teorias científicas, opondo um Planck realista a um Mack instrumentalista-heurístico (cf. Gómez, 2004). O documento "Sociedade para a filosofia positivista" é uma convocação para a construção de uma sociedade positivista, a ser construída nos seguintes moldes: "Elaborar uma visão de mundo abrangente, com fundamento em dados fatuais acumulados pelas ciências particulares, e divulgar ideias preliminares servindo a esse propósito; inicialmente entre os próprios pesquisadores, tornou-se uma necessidade cada vez mais premente antes de tudo para a ciência, mas também para a nossa época em geral, que só assim adquirirá

Esse conjunto de referências mostra muito mais um respeito pela autoridade intelectual de Mach do que uma proximidade conceitual com Freud. Para mostrar que, por trás dessas referências, apenas alusivas, há uma ligação mais orgânica entre eles, será necessário termos uma visão geral das concepções de Mach.

5. Programa da análise da obra de Mach, para compreensão do pensamento científico de Freud

É necessário marcar que este livro não pretende discutir as diversas controvérsias que envolvem as contribuições de Mach no campo da epistemologia das ciências, mas sim mostrar que algumas propostas epistemológicas, fundamentais para Freud, podem ser reconhecidas nos textos de Mach, e com isso mostrar como Freud pensava a psicanálise enquanto uma ciência da natureza, distinguindo o que é a produção (pesquisa) científica do que é a ciência aplicada, ou a pesquisa que ocorre num tratamento psicanalítico.

Já citei acima quais foram as principais referências de Freud a Mach. A princípio, essas referências não deixam ver em que sentido esses dois autores comungariam alguma coisa, pois não se referem às questões específicas que justificariam a concordância entre eles. A defesa de uma concordância metodológica entre eles pode ser justificável porque o que está em jogo nas referências de Freud a Mach, não é uma declaração de filiação mas sim a reiteração de determinados princípios da pesquisa científica, comungados pelos dois.

---

o que já possuímos. Entretanto, esse fim só pode ser atingido mediante trabalho em conjunto de muitos. Convocam todos os pesquisadores interessados em problemas filosóficos, qualquer que seja a sua área de atuação científica, bem como todos os filósofos no sentido estrito, que esperam chegar a conhecimentos válidos somente através de estudo aprofundado dos fatos da experiência, a se congregarem numa Sociedade de Filosofia Positivista. Essa Sociedade deve ter por objetivo estabelecer uma conexão viva entre todas as ciências, desenvolver, em todas as áreas, conceitos unificadores e, assim, avançar em direção a uma concepção geral livre de contradição". Cf. a apresentação de uma cópia desse documento, em Fulgencio (2000); para uma análise da disputa epistemológica em jogo, nesta discussão, bem como seus desenvolvimentos, ver Gómez (2004).

Para desenvolver essa análise, reapresentarei Mach e sua obra, não na sua totalidade nem fazendo uma análise crítica (prós e contras) no que se refere às suas contribuições para a ciência e para a filosofia das ciências.

Já indiquei o amplo leque de influências de Mach para o desenvolvimento da ciência e da filosofia, mostrando a sua importância intelectual no final do século XIX e início do século XX. O interesse por essas referências não foi apresentar apenas um conjunto de "curiosidades", mas mostrar que as ideias de Mach estavam presentes na mente e no cotidiano dos intelectuais da sua época, exercendo influência decisiva sobre os grandes nomes responsáveis por grande parte do conhecimento produzido no início do século XX.

Mas, o que, nas pesquisas de Mach, teria despertado um interesse tão vivo e amplo nesse período da história e que teriam influenciado e mesmo constituído o pensamento de Freud, no que se refere à uma epistemologia das ciências naturais? Traçarei o quadro geral das suas preocupações, acentuando um de seus objetivos centrais, compartilhado por diversos outros intelectuais, expresso no primeiro parágrafo do prefácio de seu livro *Conhecimento e erro* (1905), considerado como, por assim dizer, o testamento epistemológico de Mach: *produzir um conhecimento livre de toda e qualquer metafísica*. Para compreender as críticas de Mach à metafísica, bem como a maneira pela qual perseguiu seu objetivo, é necessário saber como ele concebe a prática científica, fornecendo, então, dados que possibilitem entender a correspondência com a maneira como Freud entende a ciência (seus objetivos e seus limites). Veremos que Mach estabelece um contínuo entre o objetivo do conhecimento comum e do conhecimento científico, pois ambos representam o mundo dos fenômenos segundo um "princípio de economia" de tempo, de esforço etc.

Caberá, ainda, neste percurso, diferenciar entre o saber delimitado ao qual se lança o cientista e o saber universal ao qual se dedica o filósofo. Essa proximidade e distância entre a filosofia e a ciência também será desposada por Freud de uma maneira análoga à de Mach.

Na continuidade deste estudo, seguiremos Mach quando este diferencia aquilo que, nas pesquisas científicas, advém da própria experiência ou observação e o que, na procura das relações entre os fenômenos, corresponde a elementos metafísicos, especulativos. Será possível mostrar que Mach considera o ponto de vista dinâmico, na física, como uma *mitologia*, e o conceito de *força* a ele associado, uma *convenção* historicamente datada. A identificação, em Freud, da importância do ponto de vista dinâmico diferenciando a psicanálise de outras psicologias, bem como a sua afirmação de que a psicanálise parte de um conceito fundamental convencional denominado pulsão – ou, ainda, quando diz que a teoria das pulsões corresponde a um tipo de *mitologia* –,[96] tornar-se-ão muito mais compreensíveis se referidas às concepções de Mach.

Veremos que Mach reconhece, na física, a presença integrada da especulação e dos dados advindos da observação, da mesma maneira que Freud articula aos dados empíricos da sua observação clínica o conjunto de termos teóricos especulativos que irão compor, a seu ver, a necessária metapsicologia. Tanto para Mach quanto para Freud, a ciência traz em seu bojo uma metafísica, no que diz respeito ao que ela poderá fornecer como conhecimento válido (num ramo específico ou mesmo numa "síntese" das ciências) ou na sua relação com as especulações advindas da filosofia. Ou seja, será necessário colocar a ciência no seu lugar, sem confundi-la com as "visões de mundo" filosóficas, bem como reconhecer nas ficções teóricas (como diz Freud) ou nas representações-fantasia (como diz Mach) um tipo de *bruxaria* científica útil para a descoberta das relações entre os fenômenos.

Precisando o quadro onde a especulação tem sua presença reconhecida, deveremos entender qual o sentido e a justificativa de seu uso. Chegaremos, enfim, às concepções de Mach sobre a necessidade, provisória, do uso de representações-fantasia como construções auxiliares para compreender a natureza, ou seja, para descobrir a relação de determinação recíproca entre os fenômenos. Essas fantasias conceituais, e ainda o uso de *comparações e analogias*, são, para ele, meros instrumentos heurísticos, úteis para a descoberta das relações de determinação recíproca entre os fenômenos, mas que não devem ser mantidos por muito tempo, pois se corre o risco de

---

[96] Freud 1933a, p. 95, "Lição 32. Angústia e vida pulsional"; 1933b, p. 212.

confundi-los com conceitos empíricos. Em Freud não será diferente, como mostraremos por meio de suas próprias opiniões (e não em função do que suporíamos ser o seu modo de pensar).

Antes de chegar ao fim deste estudo, dedicar-me-ei ao comentário de algumas diferenças entre o empirismo de Mach e o de Freud, tornando mais claro por que Freud jamais abraçou as posições específicas de Mach, mostrando, no entanto, que aceitou publicamente uma concepção geral sobre a natureza das visões de mundo científicas quando assinou um manifesto para a criação de uma "Sociedade para a Filosofia Positivista" junto com Mach (um documento no qual este último era a figura conceitual central sob a qual se abrigaram os outros signatários).

Para concluir, esclarecerei em que sentido a obra de Mach é importante para compreender Freud, bem como o tipo de estudo que essa análise pode suscitar para o desenvolvimento de pesquisas sobre a história da psicanálise tal como Freud a concebeu.

Capítulo 1

Quadro geral das preocupações teóricas de Ernst Mach

O esboço de um quadro panorâmico da obra de Mach, oferecendo uma compreensão geral de suas posições, pode tornar mais fácil reconhecer quais concepções epistemológicas e metodológicas específicas estão presentes na obra de Freud.[1] Analisarei, nesse sentido, três grandes campos de preocupação de Mach em relação ao que é a ciência e seu desenvolvimento: 1) o das pesquisas em psicofísica, em que se coloca em questão a relação entre o físico e o psíquico; 2) o da proposta de uma análise histórico-crítica da física, na procura de uma reformulação antimetafísica dessa disciplina, ocupando-se da reexposição e análise de seus conceitos; 3) o da epistemologia da ciência, tanto em termos lógicos como psicológicos.

---

[1] Em Paul-Laurent Assoun também encontramos uma análise da obra de Mach agrupada em três sínteses: 1) de um projeto epistemológico à proposição de um método histórico-crítico para a compreensão da ciência; 2) que compreende a idéia central sobre a ciência como procedimento econômico do pensamento; e 3) uma compreensão da continuidade entre o físico e o psíquico através dos "elementos" que constituem as sensações. Cf. Assoun 1985a, pp. 16-32. Esta apresentação difere da de Assoun, pois não pretendo retomar as sínteses do pensamento de Mach em termos de sua evolução cronológica, mas procurando mostrar quais os problemas gerais que ele resolveu.

1. Pesquisas em psicofísica e relação entre o físico e o psíquico

As primeiras pesquisas de Mach, por volta de 1860, são dirigidas ao campo da psicofísica. Ele realiza, nesse período, uma grande quantidade de pequenos trabalhos que procuram explicar a conexão entre os dados físicos e os psíquicos, ocupando-se de temas como: o som e a cor,[2] a visão e a acústica,[3] o tempo,[4] a visão e o contraste luminoso[5] etc. Esses trabalhos inscrevem-se na esteira das pesquisas de Fechner[6] e de Helmholtz.[7] Mach procurava estabelecer uma *ratio* e uma medida nas relações do corpo com a alma para fornecer uma explicação sobre a continuidade epistêmica entre a física, a fisiologia e a psicologia, dentro de uma perspectiva monista.

Em 1886, Mach publicou um de seus livros mais célebres: *Análise das sensações. A relação do físico ao psíquico.* Por um lado, ele se opõe aos psicofísicos, que acabam por reduzir o problema da relação do físico com o psíquico ao ponto de vista da física e à sua matematização correspondente, numa crítica a Helmholtz; por outro, não adere à hipótese de que o físico e o psíquico sejam versões diferentes de uma substância primeira, anterior e mais fundamental, em relação à qual o físico e o psíquico seriam apenas modos de expressão desta unidade primeira, tal como já propusera Espinosa e defendia Fechner, considerando, então que esta proposição – do paralelismo psicofísico como expressão de uma unidade primeira – inseria um erro metafísico, totalmente supérfluo e obscurantista. Mach afirmava, então, seu monismo radical, defendendo um paralelismo completo entre o

---

[2] "Sobre a modificação do tom e da cor pelo movimento" (1860).

[3] "Sobre o olhar das posições pelo movimento do olho" (1861), *Teoria do órgão da audição* (1863), "Sobre o sentido temporal do ouvido" (1865).

[4] "Estudos sobre o sentido do tempo no ouvido" (1865).

[5] *Introdução à teoria Helmholtschiana da música* (1866).

[6] Lembremos que em *Elementos de psicofísica*, de 1860, Fechner formulou que existia uma relação logarítmica entre a excitação e a sensação, o que representava uma nova proposição entre o corpo e a alma. Mach é explícito quanto à importância e estímulo que Fechner representa para seu trabalho. Cf. Mach 1886, p. 81, p. 101, p. 210 e p. 264.

[7] Os trabalhos de Helmholtz tendiam para uma apreensão da relação entre o físico e o psíquico em função do ponto de vista da física.

mundo físico e o mundo psíquico, sem que esses mundos se confundissem, nem fossem remetidos a alguma outra coisa externa a eles. A apreensão tanto do mundo físico como do psíquico dar-se-ia por meio das sensações (unidades da percepção). Mas o que são essas sensações? Mach responde: "As sensações não são 'signos das coisas'; mas, ao contrário, uma coisa é um símbolo-do-pensamento de um composto de sensações com relativa fixidez. Propriamente falando, o mundo não é composto por 'coisas', como sendo seus elementos, mas por cores, tons, pressões, espaços, em resumo, pelo que nós normalmente chamamos de sensações".[8]

Esses *elementos* são, ao mesmo tempo, físicos e psíquicos,[9] são as *unidades da percepção* que, somadas, dão origem a todas as sensações. É por meio dessas unidades que Mach estabelece a continuidade entre o físico e o psíquico.[10] Esses elementos se articulam diferentemente quando referidos ao mundo físico ou ao mundo psíquico, no entanto, num ou noutro, são a mesma coisa. São eles que garantem a continuidade entre esses mundos, já que são os mesmos "elementos", de mesma e única natureza, que se conectam na apreensão desses mundos pelo sujeito: "A totalidade do que é dado imediatamente, no espaço, para todos, pode ser chamado de físico, aquilo que imediatamente é dado a um só, por analogia, pode ser provisoriamente chamado de mental [psíquico]".[11]

Na análise *das sensações*, Mach propôs a identidade na apreensão dos mundos físico e psíquico a partir dos elementos, acreditando obter, assim,

---

[8] Mach 1883, p. 483.

[9] Afirma Mach: "os elementos que nós extraímos da experiência, e dos quais examinamos as conexões, são sempre os *mesmos*, de um tipo *rigorosamente único*: é somente seu modo de conexão que os faz aparecer tanto como físicos quanto como psíquicos". Mach 1886, p. 61.

[10] "Não há fosso entre o psíquico e o físico – não há *dentro*, e *fora* –, não há sensação à qual corresponderia no exterior um objeto diferente dela. Existe somente *um tipo de elemento*, que compõe o que se presume ser o dentro ou o fora: esses elementos estão precisamente dentro ou fora somente de um ponto de vista temporário". Mach 1886, p. 310.

[11] Mach 1905, p. 5.

a explicação sobre a continuidade entre o físico e o psíquico. Sua proposta buscava, pois, ultrapassar tanto os reducionismos materialistas quanto os impasses do dualismo psicofísico. Diz Mach: "Podemos estabelecer, assim, um princípio orientador para a investigação das sensações. Isto pode ser designado como sendo o *princípio do paralelismo completo entre o psíquico e o físico*. Segundo nossa concepção fundamental, que não reconhece um fosso entre os dois domínios (o psíquico e o físico), esse princípio se deduz quase por si mesmo; mas nós poderíamos enunciar isto, como fiz alguns anos atrás, mesmo sem a ajuda dessa concepção fundamental, como um princípio *heurístico* de pesquisa".[12]

Tanto o mundo externo como o interno são tomados como um conjunto de sensações imediatas ou representadas. Em termos das análises de temas próprios à psicologia, a obra de Mach acabou por contribuir para uma crítica à noção de *eu*, mostrando que o *eu* nada mais é do que um conjunto de representações, jamais uma entidade empírica coesa.[13]

No campo da filosofia da ciência, onde se coloca a questão da realidade do mundo, encontramos Mach dirigindo uma dura crítica a Kant, referindo-se à *monstruosidade* da "coisa-em-si",[14] visto que as "coisas", para ele, seriam conjuntos de sensações. Ao diferenciar-se de Kant, Mach declara-se muito mais próximo de Hume e Berkeley, ainda que a obra kantiana esteja sempre presente no seu horizonte:

---

[12] Mach 1886, p. 60.

[13] Na literatura do final do século XIX e início do século XX, temos diversos ecos baseados nessa problemática da não unidade do eu – entre os quais já citamos Musil, com seu *O homem sem qualidades* –, encontrando no "fluxo da consciência" ou no "monólogo interior" um tipo de prática avalizada pela ciência de Mach. Como comenta Richard: "não tenhamos uma ilusão retrospectiva: toda a literatura qualificada de 'moderna' a partir do século XIX não veio de Mach, longe disso. Mas *A Análise das sensações* é um livro que surgiu oportunamente num período em que o 'Eu' se tornou uma preocupação primordial. Tanto na *Análise das sensações* como na *A interpretação dos sonhos* de Freud (1900), e em diversos outros escritores austríacos do fim do século XIX (Schnitzler, Hofmansthal, Beer-Hofmann, Andrian), o 'eu' e o sonho são temas essenciais". Richard 1996, p. 40.

[14] Mach 1886, p. 6.

de minha parte eu não tenho nada a objetar a uma crítica que conclui que o ponto de vista que eu defendo é incompatível com o de Kant. Nem todos os filósofos farão a inferência de que meu ponto de vista, por essa mesma razão, é indefensável. Minha relação com Kant é peculiar. Seu idealismo crítico foi – eu admito ser-lhe profundamente devedor – o ponto de partida de todo meu pensamento crítico; mas me foi impossível manter minha fidelidade com ele. Eu me aproximei mais do pensamento de Berkeley, contidos de maneira mais ou menos implícitas nos textos de Kant. Graças aos estudos no domínio da fisiologia dos sentidos e graças a Herbart, cheguei a concepções que estão em afinidade com as de Hume, sem mesmo o conhecer naquela época. Por isso, hoje em dia, não posso deixar de olhar para Berkeley e Hume como mais logicamente consistentes do que Kant.[15]

Essa postura na defesa dessas unidades da percepção como os elementos últimos aos quais toda a realidade, externa ou interna, deve referir-se acabará por levá-lo a um tipo de reducionismo metodológico: toda explicação científica deve referir-se à descrição de relações de determinação objetivamente observáveis, dadas, em última instância, em função dos *elementos* ou unidades das sensações (percepções).[16] Mostrarei adiante que esse reducionismo metodológico – pelo qual ele ficou conhecido na história da ciência – precisa ser relativizado, pois Mach defende também que conceitos sem validade objetiva, denominados por ele representações-fantasia, são úteis para o desenvolvimento da ciência.

2. Reformulação antimetafísica da física

Sabemos que, além de físico experimental, Mach dedicou-se por longos anos à atividade pedagógica, possibilitando-lhe um campo propício para refletir sobre a própria história da ciência e a constituição dos conceitos fundamentais da física. Essa atividade proporcionou a Mach questionar

---

[15] Mach 1886, pp. 367-368.
[16] Robert Musil, literato autor do clássico *O homem sem qualidades*, na sua tese de doutorado (sob a orientação de Carl Stumpt), criticou justamente esses *elementos* como sendo, eles também, entidades metafísicas. Cf. Musil 1985 [1908].

seus próprios princípios. O seguinte comentário mostra a importância dessa atividade pedagógica para o desenvolvimento de suas proposições: "A seguinte aventura deve acontecer a mais de um mestre: está se expondo com certo entusiasmo às concepções tradicionais e aprendidas quando, de repente, sente que as próprias convicções primeiras se abalam. Refletindo sobre isso depois, já com a cabeça descansada, não se demora a descobrir alguma inconseqüência lógica que, uma vez reconhecida, torna-se insuportável".[17]

Foi assim que, no exercício da atividade de professor, Mach compreendeu que a física carrega consigo diversas entidades metafísicas, pois, ao se tentar explicar a origem de certos conceitos, nem sempre era possível distinguir muito bem aquilo que vinha da experiência do que era dado *a priori*. Para Mach, ocorriam contradições na exposição dos conceitos da física porque as diversas proposições da ciência não eram apresentadas na ordem conveniente, em especial, pelo fato de não se dar atenção adequada para a distinção suficientemente clara entre o que vinha da experiência e o que era dado *a priori*.

Na tentativa de fazer essas distinções, Mach elaborou uma maneira para reexpor a física de forma adequada, através do seu método histórico-crítico de análise do desenvolvimento dessa ciência: *histórico* porque faz um julgamento do próprio desenvolvimento da física na explicação dos fenômenos da natureza e *crítico* por colocar nessas explicações a questão de saber o que vem da *experiência* e o que é um dado *a priori*. Seu principal trabalho, nesse sentido, é *A Mecânica. Exposição e crítica de seu desenvolvimento*, de 1883, cujo objetivo ele declara claramente: "A presente obra não é um manual sobre a aplicação dos princípios da mecânica. Seu objetivo é esclarecer as ideias, e livrar-se das obscuridades metafísicas".[18]

Ao aplicar seu método histórico-crítico à *Mecânica*, Mach mostrará como certas idéias teológicas estão presentes no fundo das teorias físicas

---

[17] Mach 1896: *Princípio da teoria do calor*, "Prefácio".
[18] Mach 1883, p. IX.

de Stevin, Pascal e Newton. Também em 1896, no texto *Os princípios da termodinâmica*, Mach explicitou como as experiências dos grandes físicos foram realizadas conforme idéias preconcebidas sobre o que resultariam de suas experiências; essas idéias eram de natureza filosófico-metafísica. Trata-se de um tipo de análise que põe em evidência o que há de especulativo na prática científica; como diz Assoun, um esforço de "desmitologização da ciência em nome da ciência".[19] Mach defendeu que os conceitos ou princípios metafísicos, identificáveis na sua análise da história da física, serviram de meios provisórios para a inteligibilidade e resolvibilidade dos seus problemas empíricos, mas que o próprio desenvolvimento dessa ciência os eliminariam quando esta encontrasse as condições favoráveis para isso. Mach conclui que, no futuro, "os conceitos empíricos simplesmente tomam o lugar dos conceitos metafísicos".[20] Ele esperava, portanto, que um dia a física estivesse livre de toda e qualquer metafísica.[21]

3. Considerações sobre a prática do cientista

Para Mach, a noção de causa e efeito estabelecia uma valorização e hierarquização entre os fenômenos não justificável. Ele perguntava: o que deve ser considerado causa? O que deve ser considerado efeito? Para ele, só arbitrariamente poderíamos caracterizar os fenômenos e suas relações, identificando uns como causas e outros como efeitos. Para fugir dessa arbitrariedade, Mach propôs substituir a noção de *causa e efeito* pela de *função*, enfatizando que o objetivo da ciência é descrever as relações de dependência recíproca dos fenômenos, sendo que os conceitos seriam meios (econômicos) para chegar a este objetivo. A função (de dependência recíproca) explicaria, de uma maneira mais adequada, a experiência e a interdependência

---

[19] Assoun 1985a, p. 26.

[20] Mach 1886, p. 332.

[21] É nesse sentido que Mach declara-se entusiasmado pelas propostas da física axiomática de Hertz, na qual o conceito de força – que Mach julga um conceito metafísico – não seria necessário: "Em função disto [destas concepções alternativas] o conceito de força tornar-se-ia supérfluo" (Mach 1883, pp. 548-555).

dos fatos, sem necessitar daquela valoração e diretividade anteriormente creditada aos fenômenos.

Assim, o cientista se debruça sobre os fatos da experiência e procura reconhecer as suas relações de interdependência. No entanto, ao tentar formular leis e regras gerais, identificando as *funções* que os regem, não opera com os fatos em si mesmos, mas com a representação desses fatos. Isso possibilita que, além dos experimentos que o cientista realiza em seus laboratórios, ou os que observa na natureza, ele também possa operar com essas representações dos fenômenos, fazendo o que Mach denominou "experimentos de pensamento". Essa possibilidade significa uma grande economia prática, visto que muitas experiências empíricas encontrariam grandes dificuldades de execução (sejam por motivos técnicos ou econômicos). Essa noção acaba por se apresentar como um princípio epistemológico fundamental: *o princípio da economia do pensamento*.

Segundo Mach, a física também é ordenada por esse mesmo princípio, que prega que todo saber científico deve procurar, tanto quanto possível, a representação mais econômica dos fatos. Essa procura fundamental é compreendida pelo autor como a expressão epistemológica do princípio darwiniano da seleção; para Mach, "a missão biológica da ciência é proporcionar o mais completo desenvolvimento individual do ser humano com os meios, os mais perfeitos possíveis, para orientá-lo".[22] Mach afirma ainda, de maneira mais explícita: "O ponto de vista caracterizado precedentemente [o princípio da economia do pensamento] adquire um fundamento mais amplo e se ilumina de *novas* perspectivas a partir das quais, seguindo os impulsos dados pela teoria de Darwin, considera-se o conjunto da vida psíquica – que a ciência engloba – como uma manifestação biológica, e, desde então, aplica-se as concepções darwinianas de luta pela existência, evolução e seleção".[23]

Em 1905, Mach publica uma obra importante, às vezes considerada seu testamento epistemológico: *Conhecimento e erro*. Esse texto pode ser

---

[22] Mach 1886, p. 37
[23] Mach 1886, pp. 49-50.

caracterizado como uma análise do que são os modelos científicos. Nesse livro, Mach comentará a diferença entre conceitos empíricos e puramente teóricos, julgando que conceitos como *átomo, massa, íons, forças* etc., bem como as próprias analogias que os cientistas utilizam nos seus raciocínios para pesquisar a natureza, são apenas "operadores simbólicos" do pensamento, os quais jamais podem ser confundidos com entidades reais empíricas.

Ao procurar identificar e diferenciar a prática científica de outras propostas de conhecimento, Mach também analisou a distância que separa a ciência da filosofia, não para excluir a filosofia da ciência, mas para melhor estabelecer os modos de comunicação entre esses saberes.

Capítulo 2

Concepções epistemológicas de base

1. Limites e características do conhecimento segundo Mach

Assim como Kant determinou os limites e as características do que pode ser tomado como um conhecimento científico válido, encontramos, no século XIX, alguns cientistas buscando também detalhar esses limites, explicitando: a) o que não é possível conhecer; b) o que é difícil, mas possível de ser conhecido; e c) determinando sobre o que o cientista deve suspender o seu julgamento. Uma das formulações mais importantes foi pronunciada por Dubois-Reymond, num discurso pronunciado em 14 de agosto de 1872, no Congresso dos Naturalistas em Leipzig, versando *Sobre os limites do conhecimento da natureza*. Suas proposições ficaram conhecidas sinteticamente pela fórmula *Ignoramus. Ignorabimus!* Em 1880, Dubois-Reymond[1] retoma esse problema epistemológico, classificando, então, quais seriam os tipos de questões universais passíveis ou não se solução.[2] Dos *sete enigmas*, os três primeiros diziam respeito a problemas transcendentais e insolúveis, versando sobre 1) a natureza da matéria, 2) a origem do movimento e 3) a origem da vida; os três seguintes, seriam problemas difíceis, mas passíveis

---

[1] Note que é justamente nessa época que Freud realiza sua formação, no laboratório de fisiologia da Universidade de Viena, com Brücke, cientista próximo a Helmholtz e Dubois-Reymond.

[2] Dubois-Reymond 1880: *Os sete enigmas do universo*.

de solução, tratando das questões: 4) da finalidade aparente da natureza, 5) da aparição da sensação e da consciência e 6) da razão, do pensamento e da linguagem, e, por fim, um problema sobre o qual o cientista deve suspender o seu juízo, a saber: 7) o enigma ético-metafísico do livre-arbítrio.[3]

Para Mach, no entanto, Dubois-Reymond formulara mal a questão, pois os limites do conhecimento devem ser analisados mais em função dos problemas que se formulam do que em termos dos objetos que se pretende conhecer. Segundo Mach, os objetos não existem de forma independente da apreensão que deles fazem os cientistas. Na sua opinião, quando Dubois-Reymond defende seu *Ignorabimus*, confunde aquilo que o cientista apreende com seus instrumentos técnicos e teóricos, com o mundo ele mesmo, tomando seus "problemas" como os fatos eles mesmos. Trata-se, portanto, para Mach, de recolocar as coisas nos seus lugares, de considerar os limites do que é passível de ser conhecido em função daquilo que os "instrumentos de uma ciência"[4] possibilitam enunciar enquanto problemas solúveis ou insolúveis. Nesse sentido, Mach irá se opor relativamente ao *Ignorabimus*:

> [o desenvolvimento de meu pensamento, me levou a] oferecer um pedido de desculpas, em silêncio, para Dubois-Reymond pelo seu *Ignorabimus* – um *dictum* que até aquele momento eu tinha considerado como um grande engano. Ao final das contas, Dubois-Reymond reconheceu que a *insolubilidade* foi um imenso passo precipitado; este reconhecimento retirou um peso da mente de muitos homens, como ficou demonstrado pelo sucesso de sua obra, um sucesso que de outra maneira seria ininteligível. Ele, de fato, não deu um passo importante ao reconhecer que um problema era, a princípio, insolúvel, sem considerar que [a insolubilidade do problema] dependia da maneira equivocada como este [problema] era colocado. Para ele, como para muitos outros,

---

[3] Cf. Dubois-Reymond 1880. Também em Assoun 1981, pp. 68-73, temos um comentário mais detalhado desses universais.

[4] Entenda-se por "instrumentos de uma ciência" o conjunto de princípios, conceitos, modelos, bem como os dispositivos técnicos, que constituem e sustentam o modo de Mach entender e pesquisar os fenômenos específicos de cada disciplina.

aconteceu de tomar os instrumentos específicos de uma ciência como sendo o próprio mundo.[5]

Para Kant, toda ciência empírica é construída sobre uma *metafísica da natureza*, à qual corresponde um conjunto de princípios *a priori*. Todo cientista parte, pois, desses princípios metafísicos, que vão, por sua vez, constituir e delimitar seu universo de problemas; dentre estes, por exemplo, o que estabelece a existência de dependências necessárias não arbitrárias entre os fenômenos, expressas na relação de causa e efeito, tomadas como partes de uma totalidade, tal qual uma máquina e suas partes interdependentes. Alguns desses princípios encontram no mundo fenomênico um referente que lhes corresponde adequadamente, mas, outros, são puros entes da razão, apenas ideias, em relação às quais não é possível obter um objeto (referente) que lhes corresponda adequadamente, tais como a própria Natureza, enquanto um único todo integrado que congrega todos os fenômenos. Esses dois exemplos – um dado pelos conceitos e princípios *a priori* do entendimento, a própria relação de causalidade, e outro dado como um conceito puro da razão, a natureza como uma totalidade – são fundamentais para a noção de determinismo que serve como um princípio-guia para as ciências naturais. Caso houvesse um só elemento que não estivesse submetido a essa rede de dependências ou estivesse fora da natureza, não haveria a possibilidade de estabelecer regras gerais.

A questão do princípio determinista como base do conhecimento científico também é um tema caro a Mach. Para ele, a tese da continuidade da natureza, a consideração de que não há sistema totalmente isolado, o parentesco entre todos os seres vivos, a inclusão do homem como apenas mais um elemento deste conjunto e a compreensão da ciência como a proposição de modelos para a resolução de problemas levaram-no a recolocar esses mesmos princípios à sua maneira. Assim, tendo sempre em mente que a questão da pertinência ou não de um problema ao rol das ciências depende da maneira como este é formulado, Mach afirmará que: 1) todos

---

[5] Mach 1886, pp. 313-314.

os fenômenos estão numa relação de dependência simultânea, "todas as relações de dependência reconhecidas e claramente estabelecidos se deixam apreender como *relações recíprocas de simultaneidade*";[6] 2) a totalidade não pode ser apreendida de uma só vez, mas o estudo das partes poderá conduzir à compreensão do todo; "se, como um pesquisador da natureza, alguém olhar para o indivíduo humano e sua psique não como um elemento isolado e separado oposto à natureza, mas considerando os eventos do sentido físico e as ideias como tendo papéis inseparáveis, não estranhará que o todo não possa ser esgotado pela parte. Assim as regras encontradas nas partes podem permitir conjecturar as regras do todo";[7] 3) esse conhecimento será sempre parcial, visto que não se pode apreender de uma só vez todas as relações recíprocas de simultaneidade; 4) a compreensão desse todo depende do modelo proposto para a formulação dos objetos do conhecimento, o que implica a reiteração da ciência de um ponto de vista heurístico: "A função essencial de uma hipótese é que ela leva a novas descobertas que elas confirmam, refutam ou modificam nossa suposição e, assim, ampliam nossa [compreensão da] experiência. Priestley [disse...] 'Muitas teorias esfarrapadas e imperfeitas são adequadas para sugerir experimentos úteis, que servem para corrigir as teorias e fazer surgir outras [teorias] mais corretas' (Priestley, *History and presente state of discoveries relating to vision, light and colours*. London, 1772, Vol. I, p. 181)";[8] 5) esses princípios não colocam o cientista numa perspectiva comtiana, no sentido de considerar o futuro como algo já dado nas relações de determinação atuais, como ressalta Mach, dizendo que, "saber em que direção vai o mundo tomado como um todo, ninguém pode estabelecer cientificamente";[9] 6) mesmo garantindo um *télos* determinista como condição ideológica para a prática do cientista, afirmando que todos os cientistas são forçosamente deterministas em teoria, Mach não exclui a hipótese de que algo escape à explicação das relações de determina-

---

[6] Mach 1886, p. 91.
[7] Mach 1905, p. 358.
[8] Mach 1905, p. 176.
[9] Mach 1886, p. 90.

ção entre os fenômenos, "porque a experiência mostrará sempre um resto de fatos não explicados".[10]

Mach apontou que o cientista tem sempre um ponto de vista parcial e incompleto, e, mesmo que o desejo de compreensão da totalidade esteja no seu horizonte, ele deve abandoná-lo, pois as teorias científicas são, na verdade, apenas instrumentos ou meios para descobrir relações entre fenômenos representados (logo, simplificados), e não as representações diretas da realidade do mundo.

2. Observação, representação e economia do pensamento em Mach

Segundo Mach, o mundo se apresenta ao homem como uma infinidade de sensações que são apreendidas e organizadas por representações através de faculdades próprias ao pensamento e à sensibilidade humanas. Isso corresponde a um processo que vale tanto para o homem primitivo quanto para o homem contemporâneo, o cientista incluso. O caminho que o homem primitivo percorre para passar da experiência sensível (singular a cada objeto) para a formulação de uma ideia geral (que corresponde ao conjunto que agrupa certos elementos de um determinado conjunto de dados sensoriais) é análogo ao que o cientista deve fazer para ultrapassar um conjunto de fenômenos observados em direção às suas leis. Diz Mach:

> A natureza é composta de sensações e seus elementos. O homem primitivo aprendia primeiro certos complexos destes elementos, aqueles que se manifestavam com uma estabilidade relativa e que tinham para ele importância. As primeiras e mais antigas palavras são nomes de "coisas". Até mesmo aqui, há um processo de abstração do entorno das coisas, e das contínuas pequenas variações sofridas pelo complexo, consideradas como sendo praticamente sem importância porque não são notadas. Não há [na natureza] nenhuma coisa invariável. Uma coisa é uma abstração, o nome um símbolo, para um *complexo* de elementos do qual as variações são abstraídas. A razão

---

[10] Mach 1905, p. 20.

pela qual nós designamos o complexo inteiro por uma simples palavra é que nós temos a necessidade de referirmo-nos a todas estas sensações de uma só vez.[11]

Os conceitos, teorias e modelos científicos seriam da mesma natureza que um *nome*, símbolos para um complexo de elementos dos quais não se considera a variação.

Ao realizar a operação que vai dos fatos às suas representações, o homem tem vantagens no que diz respeito à sua possibilidade de ação sobre o mundo, isto é, a representação do mundo tem uma finalidade prática: "É pelo esforço dirigido a uma adaptação vantajosa às *condições de vida*, e não através do conhecimento puro e completo com *finalidade em si*, que se constituem as representações e os conceitos que o homem comum forma do mundo e que se impõem a ele".[12]

Ao agrupar diversos fenômenos sob a mesma representação, o homem diminui o esforço intelectual ou físico que a vida lhe exigiria. No entanto, a representação é uma abstração que não corresponde à totalidade daquilo que é representado. Para Mach, é "sempre de maneira arbitrária e brutal que o homem separa os fatos uns dos outros".[13] Ou seja, a observação corresponde a uma seleção que nem mesmo é automática, mas guiada por princípios ou valorações em parte *a priori*: "Na reprodução dos fatos em pensamentos, nós nunca reproduzimos os fatos na sua totalidade, mas somente os seus aspectos que parecem importantes para nós. Nossas reproduções são, invariavelmente, abstrações. Novamente, aqui, partir de seus lados, que nos parecem *importantes*. Nesta operação nós temos um objetivo, que é o produto indireto ou imediato de um interesse prático. Nossas cópias são sempre abstrações. Aqui, mais uma vez, temos uma tendência econômica".[14]

---

[11] Mach 1883, p. 482.

[12] Mach 1886, p. 31.

[13] Mach 1905, p. 3.

[14] Mach 1883, p. 482.

Tomando esse mecanismo como a base do processo representativo, podemos dirigir nossa atenção para a prática específica do cientista. Este vai se colocar a tarefa de construir representações que expressem a regularidade dos fatos. Na pesquisa científica, o "curso das representações deve ser uma imagem tão fiel quanto possível do curso dos fenômenos naturais".[15] Se na vida cotidiana precisamos de representações que estejam de acordo com os fatos, no trabalho científico é este o objetivo a ser alcançado de forma deliberada, programada, segundo determinado método. "Assim, a adaptação de nossos pensamentos aos fatos é o objetivo assinalado a todo trabalho nas ciências da natureza. A ciência o persegue *conscientemente* e de maneira deliberada – o que se cumpre por *simesmo*, sem nos darmos conta, na vida cotidiana".[16]

Nem sempre essa adaptação ocorre de forma satisfatória. Mach afirma que, quando há disparidade entre a representação e o fato representado, isso causa erro ou inquietação. É essa disparidade que constitui um *problema*: "Quando esta adaptação é tornada muito ampla para corresponder à maioria dos fatos que se recolhem e nós somos tomados, todavia, por um dentre eles que está fortemente em conflito com o curso habitual de nossos pensamentos, sem que se possa ser capaz de *discernir* em seguida o fator decisivo que nos conduziria a uma *nova* diferenciação, coloca-se um *problema*. O que é novo, não habitual, estranho, age como um estímulo que chama a nossa atenção. As razões práticas, ou somente o desconforto intelectual, podem engendrar a vontade de suprimir o conflito com o benefício de uma nova adaptação de nossos pensamentos. É assim que nasce a *adaptação deliberada de nossos pensamentos,* a pesquisa".[17]

---

[15] Mach 1905, p. 81.

[16] Mach 1886, p. 316. Mach sabe, no entanto, que esse processo de adaptação das representações aos fatos nem sempre é uma atitude consciente. Na vida cotidiana, por exemplo, isso ocorre, na maior parte das vezes, inconscientemente: "Uma boa parte da adaptação dos pensamentos se cumpre de maneira inconsciente e involuntária sob a conduta dos fatos sensíveis". Mach 1886, p. 320.

[17] Mach 1886, p. 320.

Um problema é, portanto, uma preocupação prática ou um mal-estar intelectual. A resolução desses problemas corresponde à própria produção do conhecimento, seja o conhecimento operativo da vida cotidiana seja o conhecimento científico. Assim, o conhecimento científico nasce da mesma fonte que o do homem comum, mas o cientista constrói o campo e o fundamento de suas representações de maneira mais sistemática e rigorosa: "A ciência nasce sempre de um processo de adaptação do pensamento a um domínio experimental definido. Os elementos de pensamento, graças aos quais nós chegamos a representar o conjunto de um domínio, resultam deste processo. O resultado difere evidentemente segundo a natureza e a extensão do domínio considerado. Se o domínio da experiência se alarga, ou se os domínios até ali largamente separados vêm a se confundir, os elementos de pensamento tradicionais e correntes não são suficientes. É neste combate, entre o hábito adquirido e o esforço de adaptação, que nascem os *problemas*; quando a adaptação termina de ser feita, estes desaparecem".[18]

Ao procurar representar os fatos, deve-se fazê-lo segundo um *princípio de economia do pensamento*, ou seja, de tal maneira que se utilize somente as representações estritamente necessárias à sua descrição e compreensão:

> Minha concepção de economia do pensamento foi desenvolvida a partir de minha experiência como professor. Eu já a possuía quando, em 1861, comecei minhas aulas como *Privat-Docent* e acreditava ser o único a lhe possuir, o que se pode bem perdoar. Mas hoje eu estou, ao contrário, convencido que ao menos um pressentimento desta ideia deve, necessariamente, ter sido um bem comum a *todos* os pesquisadores que fizeram da natureza da investigação científica o tema de suas reflexões. A expressão desta opinião pode assumir as mais diversas formas: por exemplo, eu certamente caracterizar o *leitmotiv* da *simplicidade* e *beleza*, que tocava tanto a Copérnico quanto a Galileu, não somente como estético, mas também como econômico. Como também os *regulae philosophandi* de Newton, que são essencialmente influenciados por esse ponto de vista, ainda que o princípio de economia não seja expressamente enunciado.[19]

---

[18] Mach 1886, p. 31.

[19] Mach 1883, p. 580.

Esse "princípio de economia" corresponde para Mach à própria natureza e objetivo da prática científica, ou seja, faz parte da essência da ciência conceber e comunicar os fatos através do menor esforço intelectual possível: "A própria ciência pode ser considerada como um problema de *minimum*, que consiste em expor os fatos tão perfeitamente quanto possíveis com o menor gasto intelectual."[20] Esse princípio corresponde à versão epistemológica do princípio darwiniano da seleção, visto que, de acordo com Darwin, a capacidade de representar o mundo, segundo um interesse prático na operacionalidade da existência, é fruto de modificações biológicas sedimentadas pela seletividade adaptativa das espécies. A esse respeito, afirma Mach: "O ponto de vista caracterizado precedentemente adquire um fundamento mais amplo e se ilumina de *novas* perspectivas, a partir das quais, seguindo os impulsos dados pela teoria de Darwin, considera-se o conjunto da vida psíquica – que a ciência engloba – uma manifestação biológica e, desde então, aplica-se às concepções darwinianas da luta pela existência, da evolução e da seleção".[21]

Essa postura de Mach nos reenvia, certamente, a um comentário de Kant em *Crítica da razão pura*, no qual os princípios do entendimento são tomados como um princípio econômico da própria natureza: "a economia dos princípios não é só um princípio econômico da razão, mas uma lei interna da natureza".[22]

Ao passar da multiplicidade infinita da nossa percepção dos fatos empíricos para a representação destes, fazemos uma substituição, uma cópia que deve significar um avanço na sua operacionalidade, ainda que essa cópia seja parcial, arbitrária e reduza a riqueza do mundo fenomênico. No entanto, é através dessa operação que o homem pode diminuir o esforço, tanto físico quanto intelectual, na condução de sua vida objetiva: "O objetivo da ciência é substituir, ou guardar, experiências pela reprodução e antecipação dos fatos no pensamento. A memória é mais manipulável do

---

[20] Mach 1883, p. 490.
[21] Mach 1886, pp. 49-50.
[22] Kant 1787, B 678.

que a experiência e, no mais das vezes, responde aos mesmos propósitos. Este trabalho econômico da ciência, que ocorre durante toda a vida, é perceptível a primeira vista; e com o seu reconhecimento faz desaparecer todo misticismo na ciência".[23] O objetivo do ensino do conhecimento produzido pela ciência é fazer com que os homens possam aproveitar da experiência passada de outros homens, poupando-lhes o trabalho de terem que sempre descobrir tudo por si mesmos. A própria linguagem científica, veículo do ensino e da comunicação da experiência passada, corresponde a um artifício econômico: "As experiências são analisadas, decompostas, em experiências mais simples e familiares, e então simbolizadas, sem sacrifício da sua preciso".[24]

Ao debruçar-se sobre o mundo dos fenômenos, o homem procura as regularidades, constâncias, mas sempre encontrando diversidade, heterogeneidades e diferenças. O esforço do cientista consiste em ultrapassar a diversidade heterogênea da massa dos dados observados, tanto na sua organização quanto na sua representação:

> Na multiplicidade de fenômenos da natureza muitos fenômenos comuns ocorrem; outros parecem menos comuns, surpreendentes, desconcertantes e, por assim dizer, ou aparentemente em contradição com os com o curso normal das coisas. Enquanto é este o caso, não possuímos um concepção estável unitária da natureza. Daí se impõe a tarefa de buscar, na multiplicidade dos fenômenos naturais, aqueles elementos são sempre os mesmos. Desta maneira, por um lado, procura-se fazer a mais econômica e breve descrição [dos fenômenos] e comunicá-la da melhor maneira possível; por outro lado, quando uma pessoa adquiriu a habilidade de reconhecer estes elementos permanentes dentre a multiplicidade de fenômenos, reconhecendo aquilo que se repete, esta habilidade o leva a uma *compreensiva, compacta, consistente* e *fácil concepção dos fatos*.[25]

---

[23] Mach 1883, p. 481.
[24] Mach 1883, p. 481.
[25] Mach 1883, p. 5.

Adiante, nesse mesmo texto, Mach exemplifica a operação que o cientista realiza: "As circunstâncias sobre as quais se deve prestar atenção são acompanhadas de tantas circunstâncias acessórias que é frequentemente difícil de escolher e de estimar quais são essenciais ao fim que se persegue; tais são, por exemplo, nas máquinas, a fricção, o diâmetro das cordas etc., que perturbam e atenuam as relações exatas das circunstâncias que se estuda".[26]

Assim, o primeiro eixo da representação científica corresponde à procura da correspondência entre os fatos e suas representações. Essa adaptação, Mach reconhece como sendo o trabalho da *observação*. Mas este não é o único eixo de desenvolvimento dos enunciados científicos, pois, uma vez construídas as representações advindas da experiência, é necessário agrupá-las num sistema, ou seja, produzir *teoria*, que nada mais é do que outra adaptação, a das representações (ou pensamentos) entre si. Esta segunda tarefa busca afastar as contradições entre as representações: "A mútua adaptação dos pensamentos não é exaustiva na remoção de contradições: o que divide a atenção ou sobrecarrega a memória pela excessiva diversidade, é sentido como desconfortável, mesmo quando não há contradições. A mente se sente aliviada quando o novo e desconhecido é reconhecido como uma combinação do conhecido, ou quando o aparentemente diferente é revelado como sendo o mesmo [já visto], ou quando o número de ideias é reduzido e elas são organizadas de acordo com os princípios de permanência suficientemente diferenciados. Economizar, harmonizar e organizar o pensamento é sentido como uma necessidade biológica que vai além de uma demanda por uma lógica consistente".[27]

A construção das representações científicas se faria segundo dois eixos: por um lado, a *observação* e, por outro, a construção da *teoria* para a enunciação de regras gerais sobre as relações entre os fenômenos. A ciência procura liquidar as inquietações provenientes tanto da discrepância entre os fenômenos e as suas representações como da falta de ligação sistêmica entre essas representações. No entanto, faz isso guiada por um princípio econômico:

---

[26] Mach 1883, p. 79.
[27] Mach 1905, pp. 127-128.

A ciência física tem como objetivo é encontrar aquilo que permanece inalterado nos fenômenos da natureza, descobrir os elementos comuns e o modo como eles se interconectam e interdependem. Ela se esforça para fazer uma descrição detalhada e completa [dos fenômenos], esperando que, com isso, novas experiências não sejam necessárias; ela pretende poupar-nos o trabalho de experimentação, utilizando, por exemplo, aquilo que já conhecemos das relações de interdependência dos fenômenos, de acordo com o que, se um tipo de fenômeno ocorre, podemos estar seguros de que um outro evento específico também vai ocorrer. Até mesmo o próprio trabalho da descrição [dos fenômenos] pode ser evitado, pela descoberta de métodos de descrição que englobem o maior número possível de diferentes objetos, de uma forma concisa.[28]

Nos dois casos, trata-se de produzir adaptações. Para Mach, a adaptação dos pensamentos aos fatos corresponde à *observação*, enquanto a adaptação das representações entre si, à *teoria*.

Há um primado a ser ressaltado: a ciência sempre depende da observação – seja da observação sensível, seja da observação interior – e da comprovação experimental: "São os fatos que corrigem melhor e mais rapidamente estes conceitos, na medida em que estes se revelam inadequados".[29] Ou seja, os dois eixos deverão se compor alternadamente produzindo sínteses. Segundo Mach, a experiência é a fonte viva que fornece a base para o conhecimento científico, ainda que a teoria – já distante da vivacidade dos fenômenos – seja sua expressão necessária e organizadora: "A função da ciência, segundo nossa opinião, é a de substituir a experiência. Ela deve, de um lado, permanecer sempre no domínio da experiência e, por outro, dela sair, esperando sempre das experiências uma confirmação ou uma negação".[30]

Freud também estabelece, reiteradas vezes, essa polaridade entre a experiência e a teoria, por exemplo, quando indica a vivacidade da experiência

---

[28] Mach 1883, pp. 6-7.
[29] Mach 1886, pp. 312-313.
[30] Mach 1883, p. 490.

em contraposição à letra morta da teoria: "da teoria cinza à experiência eternamente verdejante".[31]

Se a ciência procura substituir a experiência por sua representação e, com isso, formular leis que possam explicar os fenômenos, ela deve, também, após a construção e integração dessas representações, voltar à experiência e à observação para verificar se sua representação é adequada aos fatos: "A estreita conjunção entre o pensamento e a experiência é a base da ciência natural moderna. A experiência desperta um pensamento que, comparado novamente com a experiência, é depois modificado, constituindo uma concepção nova à qual se aplica o mesmo procedimento. Este desenvolvimento pode absorver a atividade de muitas gerações antes de ser relativamente completada".[32]

Esse princípio posiciona a ciência como um saber sempre incompleto, aberto a reformulações produzidas no ciclo observar-teorizar-verificar-observar. Freud repete, em diversos momentos, que concebe a psicanálise como uma ciência "inacabada, sempre pronta a reformular ou mudar suas doutrinas",[33] o que pode ser lido dessa perspectiva exposta por Mach.

O campo da experiência e da observação oferece, no entanto, limites ao que pode ser representado. Primeiro, distinguindo o que é passível de ser observado diretamente daquilo que não pode afetar a percepção, pois nem tudo que chega aos sentidos é possível de ser representado; só aqueles dados que têm certa uniformidade e constância: "Só se pode ser descrito e conceitualmente representado aquilo que é uniforme ou que segue uma lei; a descrição pressupõe o uso de nomes [denominações] com os quais se designa os elementos; e nomes só podem adquirir significados quando aplicados a elementos que se repetem".[34]

---

[31] Freud 1924b, p. 149.
[32] Mach 1905, p. 146.
[33] Freud 1923a, p. 255.
[34] Mach 1883, p. 5.

Não haveria nenhuma vantagem econômica em representar alguma coisa que não fosse constante e passível de ser agrupada numa categoria abstrata que ultrapassasse os elementos singulares da sensibilidade: "Os pensamentos só podem se adaptar àquilo que – nos fatos – é geralmente *constante*; e só a *reprodução do que é constante* pode confirmar uma vantagem econômica".[35]

A observação não é, no entanto, uma atividade neutra que tentaria apreender os fenômenos, despida de pontos de vista conceituais anteriores à própria experimentação. Quando o cientista se dirige ao campo experimental, já carrega um conjunto de princípios e ideias que sustentarão e guiarão sua observação: "A experiência isolada, sem os pensamentos que a acompanham, permanecerá para sempre estrangeira a nós. Os pensamentos *mais científicos* são aqueles que permanecem válidos sobre *os mais vastos* domínios e que completam e enriquecem *mais* a experiência".[36]

Por outro lado, há determinados aspectos dos fenômenos que não estão (ou ainda não estão) aptos à representação. Para aquilo que "ainda" não é observável diretamente, cabe à ciência desenvolver meios técnicos que tornem isso possível. É nesse sentido que a relação entre a teoria e a observação pode ser desenvolvida através da elaboração dos meios e instrumentos utilizados para a observação: "O acordo entre a teoria e a experiência pode sempre ser levado mais longe pelo aperfeiçoamento dos procedimentos de observação".[37]

Fica, no entanto, a questão sobre o que fazer com aqueles elementos que não são passíveis de observação, por um problema técnico ou por uma impossibilidade dada pela natureza do objeto do conhecimento a ser observado. Do ponto de vista de Mach, o homem deve procurar artifícios que lhe possibilitem fornecer um conteúdo intuitivo (apreensível pelos sentidos) a esses "inacessíveis", de tal maneira que essas construções representativas auxiliares garantam uma operacionalidade sobre o conjunto de fatos em que esses "inacessíveis" estariam presentes.

---

[35] Mach 1886, p. 328.
[36] Mach 1883, p. 490.
[37] Mach 1883, p. 490.

O cientista tem necessidade – para apreender e organizar os dados da experiência – de certos princípios ou modelos que especificam o que deve ser observado e que tipo de relação entre esses dados deve-se procurar estabelecer. Esses princípios e/ou modelos não são, eles mesmos, dados sensíveis, mas tão-somente representações auxiliares para que o cientista possa desenvolver suas pesquisas; essas representações auxiliares têm o caráter de convenções. É assim, por exemplo, no que diz respeito à noção de *força*. Para Mach, a *força* não é uma "coisa" observável diretamente tal qual um objeto, mas é uma circunstância dos movimentos observáveis, uma expressão intelectual que agrupa de forma relacional determinados aspectos mensuráveis dos fenômenos: a "massa do objeto" multiplicada por sua "aceleração". A força é uma convenção, um ser hipotético, que torna possível a elaboração de diversos conhecimentos sobre o mundo da física, ainda que a própria força, ela mesma, seja um dado impossível de observação direta, só perceptível por seus efeitos.

Ante o irrepresentável, dentro da perspectiva de Mach, o homem constrói certos artifícios, certas especulações, para que o auxiliem na organização dos dados da experiência. O termo "especulação" precisa ser bem delimitado em seu uso. Mach, por vezes, o identifica como uma atitude pejorativa, às vezes própria ao filósofo, separada dos ditames da experiência científica. No entanto, noutros momentos, considera a especulação útil no trabalho científico, como construção heurística, que tem uma relação direta com a experiência, ainda que toque o campo das fantasias: "Partindo do pressuposto de que o sistema planetário deve ser regido por místicas relações numéricas e geométricas, Kepler procurou entender [o sistema planetário] utilizando construções altamente especulativas [*phantastic*] supondo 5 sólidos regulares. Todavia, 22 anos [de uso] destas especulações o levaram a descobrir que o cubo da distância [entre os planetas] dividido pelo quadrado do período [revolução] de sua órbita, é o mesmo [uma constante] número para todos os planetas (sua terceira lei)".[38]

---

[38] Mach 1905, pp. 212-213.

Tanto o cientista como o homem comum estão lançados num problema que encontra recurso na formulação de imagens (conceituais ou não) que fornecem inteligibilidade a suas experiências. A maneira como o homem comum, o religioso, o literato, o filósofo e o cientista trabalham com essas construções hipotéticas – não sujeitas à experimentação e à representação – são diferentes, o que não significa que a natureza básica do processo seja diversa.

Diferenciados os planos aptos ou não de representação e algumas de suas condições de possibilidade, segue-se o processo de adaptação entre essas representações e sua articulação sistemática. É preciso lembrar, no entanto, que, após a construção de uma representação singular ou sistêmica (geral), é necessário que seja possível verificar se ela condiz com os dados da experiência. Um saber que se coloca no campo impossível da confrontação com o juízo da experiência não pode ser denominado científico: "Onde é impossível confirmar ou recusar, a ciência não tem nada a fazer".[39]

Uma lei é, assim, uma representação de um campo experimental, uma abstração que apreendeu, desse campo, alguns aspectos que considerou essenciais e desprezou outros avaliados como supérfluos. Logo, uma lei é uma apreensão parcial e *incompleta*[40] da experiência: "É impossível que uma lei adquirida pela observação direta abarque o *conjunto* do fato na sua riqueza infinita e na sua inesgotável complexidade".[41] Como, então, saber se uma lei é verdadeira, já que ela não representa o fato na sua totalidade? Segundo Mach, a "veracidade" de uma lei depende de sua aplicabilidade nas mais diferentes configurações em que ela possa ser aplicada, o que se faz através da experimentação continuada e reiterada, sempre pronta a novos testes: "A prova da de que uma nova lei está correta, deve ser conseguida pela sua

---

[39] Mach 1883, p. 490.

[40] "[A ciência] só se coloca sobre o domínio da experiência incompleta" (Mach 1883, p. 490). Há, aqui, para Mach dois sentidos para o termo *"incompleta"*: 1) que após a formulação de uma lei, ela deve voltar à experiência para complementar e confirmar sua adequação e 2) que a representação é já, por si mesma, uma redução dos dados.

[41] Mach 1883, p. 78.

aplicação, constatando que seu emprego frequente, nas circunstâncias mais diversas, a *mostram de acordo* com a experiência. Este procedimento se justifica por ele mesmo no *curso do tempo*".[42]

Dentro dessa perspectiva, não se pode deixar de recolocar o fenomenologismo de Mach, pois, para ele, a experiência não é um dado puro, mas a apreensão regulada por alguns princípios que constituem o pensamento do observador: "A experiência isolada, sem os pensamentos que a acompanham, permanecerá para sempre estrangeira a nós".[43] Ou seja, o cientista se dirige à experiência guiado por seus "princípios", o que possibilita um critério para selecionar o que é essencial e excluir o que é supérfluo. De acordo com Mach, até mesmo uma ciência como a física parte de princípios fundamentais (massa, força, átomo) que são construções intelectuais. Ele critica aqueles que tomam esses conceitos como *coisas* a serem pesquisadas:

> O grande desenvolvimento formal da física, fora de proporção com o de outras ciências naturais, engendrou um estado especial de nossa intelectualidade. As noções abstratas que constituem os instrumentos da física, os conceitos de massa, força, átomo, que não têm outro papel que o de lembrar as experiências sistematizadas num objetivo de economia, são dotados pela maior parte dos investigadores da natureza como tendo uma existência real, fora do pensamento. Mais ainda, chega-se a acreditar que as massas e as forças são coisas essenciais à pesquisa e que, estas conhecidas, tudo o que tem relação com o equilíbrio e o movimento se deduzira por si mesmo. O homem que só conhece o universo pelo teatro, e que descobrisse os truques e as maquinações das cenas, poderia pensar que o universo real tem também correias, e que seria suficiente as encontrar para adquirir o conhecimento último de todas as coisas. Nós devemos então considerar como *base* do universo real os meios intelectuais auxiliares dos quais nos servimos para a *representação* do mundo sobre a *cena do pensamento*.[44]

---

[42] Mach 1883, p. 80.

[43] Mach 1883, p. 490.

[44] Mach 1883, p. 505.

Em termos formais, o cientista se coloca problemas que podem ser identificados como de adaptação – dos pensamentos aos fatos e dos pensamentos entre eles (no que consiste a teoria propriamente dita) –: "Nós devemos sempre adaptar os pensamentos aos fatos e adaptar os pensamentos entre eles".[45] O problema é justamente a falta de acordo entre as representações e os fatos ou das representações (pensamentos) entre si, é aí que reside, diz Mach, "a origem dos problemas".[46]

Quando o cientista observa uma determinada classe de fenômenos, tem como objetivo formular as leis gerais que possibilitem prever e entender as relações de interdependência entre os elementos em jogo. No entanto, nessa tentativa de substituir a experiência por sua representação, fica patente que o cientista, ao enunciar a lei que rege um fenômeno, realiza uma abstração e uma redução desse mesmo fenômeno:

> Aquele que faz uma nova observação do tipo da que acabamos de falar e coloca uma lei nova sabe, geralmente, que é possível se enganar quando se procura construir a *representação* mental de um fato, seja com imagens concretas ou por concepções abstratas, o que se deve fazer para obter um modelo mental, sempre disponível, para substituir os fatos que, em última instância, é parcial ou totalmente inacessível. As circunstâncias sobre as quais se deve prestar atenção são acompanhadas de tantas circunstâncias acessórias que é frequentemente difícil escolher e estimar quais são essenciais a fim que se persegue; tais são, por exemplo. Basta pensar em como os fatos do atrito, da rigidez das cordas e dos cabos, nos funcionamentos das máquinas, obscurecem e obliteram as relações exatas das circunstâncias que se estuda. É então natural que aquele que procura ou descobre uma nova lei, desconfie de si mesmo, e procure uma prova para a lei na qual a sua validade, que ele acredita, possa ser discernida. Aquele que descobre ou que verifica uma lei não tem, de imediato, uma confiança completa nesta, ou, ao menos, só a aceita como tendo uma validade parcial.[47]

---

[45] Mach 1905, p. 223.
[46] Mach 1905, p. 185.
[47] Mach 1883, pp. 79-80.

Essa afirmação mostra não só a parcialidade do ponto de vista do cientista e a incompletude de sua tarefa, como também a constatação de que a representação que o cientista propõe não pode, jamais, se confundir com a realidade dos fatos.

Os dois eixos próprios à construção do saber científico devem se complementar, ocorrendo uma oscilação entre a teoria (adaptação dos pensamentos entre si) e a observação (adaptação dos fatos aos pensamentos). A relação entre as ideias (pensamentos) e a experiência (observação) mantém-se num longo processo de co-determinação até que, segundo Mach, se chegue a uma adaptação completa e fidedigna.

Essas considerações sobre a observação e a representação, objetivando a compreensão da prática do cientista naturalista, leva-nos à questão da incompletude da ciência, marca de sua própria identidade, bem como à ideia ou desejo de Mach de que ocorra uma síntese futura dos diversos saberes científicos.

3. Incompletude da ciência em Mach e Freud

Ao substituir os fatos por suas representações, tem-se uma grande vantagem: é mais ágil e flexível lidar com os pensamentos do que com seus referentes objetivos (a experiência). Assim, é possível que o cientista faça uma grande quantidade de experimentos apenas com as suas representações, sem que seja necessário recorrer à sua realização efetiva. Muitos, inclusive, nem poderiam ser executados, por uma impossibilidade factual (por exemplo, a inviabilidade de isolamento ou a exclusão de uma determinada variável), por falta de recursos técnicos ou, ainda, por serem muito dispendiosos, tanto em termos econômicos quanto em termos do trabalho exigido para sua realização. Trata-se de mais uma das facetas do princípio de economia que Mach denomina *experimentos de pensamento*. Através deles, o cientista pode avançar em seu trabalho sem que seja necessário um controle experimental passa a passo. Por outro lado, o desenvolvimento da teoria (adaptação dos pensamentos entre si) também encontra aí uma maneira de testar sua aplicabilidade lógica.

Antes, porém, de lançar-se à observação, de simular em seu pensamento os próprios fenômenos e suas relações, o cientista precisa estar munido de certos *princípios* que tornem possível a experimentação, seja ela real ou imaginária. Mach comenta sobre os *princípios* da mecânica: "precisamente os princípios mecânicos, em aparência os mais simples, são de uma natureza muito complicada; eles repousam sobre experiências não realizadas ou mesmo irrealizáveis; são, na verdade, suficientemente estabelecidos de um ponto de vista prático para servir de base à dedução matemática, sendo dada a estabilidade suficiente de nosso meio; eles não podem, de nenhuma maneira, ser considerados eles mesmos verdades matematicamente demonstradas, mas somente como princípios que não somente admitem, mas ainda reclamam o constante controle da experiência".[48]

Os dados apresentam-se como uma infinidade de elementos e só uma concepção prévia poderá dirigir o cientista para objetivar sua percepção, procurando apreender o essencial e afastar o supérfluo: "Sem uma concepção preexistente, toda experiência é, em geral, impossível, pois esta última recebe precisamente a sua forma da concepção prévia que possui. Quais seriam, com efeito, o meio e o objetivo da pesquisa se não se possuísse de antemão certa tendência?".[49]

São essas concepções preexistentes que possibilitam a apreensão, seleção e organização da massa de dados com os quais a percepção se depara. Elas fazem parte do fundamento necessário à compreensão lógica dos fenômenos; no entanto, eles mesmos, inicialmente, não são nem falsos nem verdadeiros.

O paralelo com a postura kantiana não é pequeno. Em uma análise da *Crítica da Razão Pura*, considerada como um programa de pesquisa *a priori*, notamos que Kant considera que por trás de toda ciência da natureza há uma metafísica da natureza.[50] A esta metafísica da natureza corresponde

---

[48] Mach 1883, pp. 237-238.

[49] Mach 1883, p. 523.

[50] Como diz Kant: "a genuína ciência natural pressupõe uma metafísica da natureza" (Kant 1786, p. 15; A 7).

um conjunto de princípios e conceitos *a priori*. que servirão como fundamentos e direção *a priori* para as pesquisas empíricas. Não se trata apenas dos *a priori* do espaço e do tempo, que pertencem à faculdade de intuir, e dos *a priori* da faculdade de julgar, conhecidos como sendo as categorias e os princípios do entendimento (dentre as quais há, por exemplo, o conceito de causalidade com o qual é possível relaciona, desta maneira, a relação entre os fenômenos naturais), mas também de outros conceitos ou princípios *a priori* que cabe à razão pode fornecer, os quais Kant denomina *ideias*, e que servem como *ficções heurísticas*[51] na orientação das pesquisas empíricas. O importante aqui é diferenciar entre o alcance e a completude a que pode chegar uma metafísica da natureza, enquanto sistema de pensamento, e a incompletude necessária de toda teoria empírica da natureza: "na metafísica, o objeto se considera [é considerado] apenas segundo as leis gerais do pensar, mas, noutras ciências, [o objeto] deve ser representado segundo os dados da intuição (tanto pura como empírica); aquela [a metafísica], com efeito, porque o objeto deve nela comparar-se sempre com *todas* as leis necessárias do pensar, tem de fornecer um determinado número de conhecimentos que se possa esgotar; as outras ciências, porque apresentam uma diversidade infinita de intuições (puras ou empíricas), por conseguinte, objetos do pensar, jamais atingem a integralidade absoluta, mas podem estender-se até ao infinito, como a pura matemática e a teoria empírica da natureza".[52]

Não se trata aqui, com esses princípios, de um dogma, mas um ponto de apoio que deverá ser verificado pela experiência como adequado ou não à inteligibilidade dos objetos de estudo de uma determinada disciplina científica. As experiências desenvolvidas pelo cientista poderão, então, confirmar ou arruinar esses pressupostos, mostrando se são ou não eficientes na resolução de problemas. Mach explicita esse procedimento ao analisar o pensamento de Galileu:

---

[51] Kant 1787, B 799.
[52] Kant 1786, p. 19; A 14-15.

Para compreender o desenvolvimento do pensamento de Galileu, é necessário lembrar que, antes de abordar a experimentação, ele já estava em posse de experiências instintivas. Os olhos seguem o corpo que cai tanto mais dificilmente quanto ele caia por mais tempo ou tenha percorrido um caminho maior na queda; o choque que o corpo realiza ao tocar em sua mão torna-se cada vez mais sensível, e o barulho que ele faz ao bater nos objetos é cada vez mais forte. A velocidade cresce, consequentemente, com a duração da queda e a distância do percurso. Mas, para uso científico, a representação mental das experiências sensíveis deve ainda ser figurada *abstratamente*. É somente assim que se pode utilizá-la para encontrar uma propriedade *dependente* de um fato ou para completar uma propriedade parcialmente estabelecida, por uma *construção de cálculos* abstratos baseada numa *apreciação abstrata* da propriedade caracterizada. Esta figuração se faz colocando-se em evidência os pontos considerados importantes, negligenciando o que é acessório, por *abstração, idealização*. A experiência decide se esta figuração é ou não suficiente.[53]

O passo inicial da pesquisa, principalmente nos casos que fundam uma nova disciplina com seus métodos próprios, é dependente desse momento em que o cientista propõe um novo *princípio*. Trata-se de, como diz Mach ao analisar o pensamento de Newton e Galileu, "um passo de gênio".[54]

Deve-se ressaltar que a própria formulação do método de pesquisa é já um resultado dependente do passo inicial dado pelo cientista. Esse passo inicial, na verdade, é uma espécie de busca contínua que vai se aprimorando conforme os índices que a experiência fornece. O cientista caminha *tateando* a partir de uma proposição inicial incerta, não só confirmando ou refutando seu ponto de partida, mas também desenvolvendo a inteligibilidade dos fenômenos a partir de seus fundamentos: "A pesquisa analítica das condições, do que é um fato dado, é uma tarefa muito menos determinada do que a tarefa da dedução das consequências das condições dadas; assim, este trabalho só se faz passo a passo, por tateamento, com a ajuda de hipóteses, com as quais é possível combinar diversos itens, até mesmo itens falsos

---

[53] Mach 1883, pp. 522-523.
[54] Mach 1883, p. 523.

ou indiferentes, na busca das relações [de determinação] corretas [entre os fenômenos]. Desta maneira a linha de pensamento adotada pelos cientistas ser tão influenciada por contingências".[55]

Freud reafirma, em diversos momentos, que o processo de pesquisa em psicanálise serve tanto para o conhecimento teórico do psiquismo quanto para a cura de certos sofrimentos, como que parafraseando Mach: "[a psicanálise] avança tateando, seguindo a experiência".[56] Essa é uma característica de toda ciência empírica, e não uma especificidade da psicanálise, e Freud teve sempre em mente esse tatear que é a pesquisa empírica: "É assim que o caminho da ciência é, de fato, lento, tateante, laborioso".[57] No decorrer do tratamento pelo método psicanalítico, parece ocorrer a mesma coisa, pois há, num certo sentido, uma dinâmica análoga que anima os dois tipos de pesquisa, a clínica e a científica: "Observa-se então, quando as circunstâncias não são muito desfavoráveis, que as ideias incidentes dos pacientes avançam tateando, de certa maneira como alusões, em direção a um tema determinado".[58] Diante disso, Freud afirma que a pesquisa científica e a pesquisa clínica (singular a cada tratamento analítico) procedem de forma muito parecida: "É assim que o caminho da ciência é, de fato, lento, tateante, laborioso. Isso não pode ser negado nem mudado. [...] O progresso no trabalho científico se efetua certamente como numa análise. Se avança por suposições, faz-se construções auxiliares que são retiradas se elas não se confirmam; tem-se necessidade de muita paciência, de disponibilidade para todas as possibilidades, renuncia-se a convicções primeiras. [...] e todo este esforço é enfim recompensado, as descobertas esparsas se ajustam num conjunto, chega-se a ver claramente toda uma parte do advir anímico, liquida-se a tarefa e está-se, então, livre para a seguinte".[59]

---

[55] Mach 1905, p. 197.
[56] Freud 1923a, p. 252.
[57] Freud 1933a, Lição 35, p. 174.
[58] Freud 1923a, p. 240.
[59] Freud 1933a, Lição 35, p. 174.

Uma vez que a experiência não contradiga os princípios ou hipóteses de uma determinada pesquisa, o cientista encontra-se em face de outra tarefa. A observação lhe fornece informações empíricas, mas estas nem sempre são suficientes para compreender o conjunto dos fatos estudados. Cabe, então, preencher as lacunas que a observação deixa em aberto, no que diz respeito à inteligibilidade das relações entre os elementos observados. Lembremos também que pode haver, nos fenômenos, elementos que ainda não são passíveis de observação e representação ou que não são observáveis e representáveis diretamente. Deve-se, então, completar as teorias inicialmente dadas pela observação.

Freud também reconhece que, reduzindo-se aos dados fornecidos pela observação, não se obtém uma explicação completa sobre a produção dos fenômenos; que é preciso completar as teorias alcançadas pela descrição dos fatos: "Que seja suficiente marcar que pareceu legítimo completar as teorias, que são expressão direta da experiência, por hipóteses que são apropriadas à organização do material e que se referem a fatos que podem se tornar objeto de observação imediata".[60]

Para Mach, esse é um procedimento comum tanto na vida do cientista como na do homem vulgar: "O objetivo da imaginação comum é a compreensão conceitual e complexa de um fato parcialmente observado [...] Esta característica da compreensão mental de um fato dado apenas parcialmente, é um traço comum ao pensamento vulgar e ao espírito científico".[61] Trata-se, na verdade, no caso do leigo, de uma ação instintiva e involuntária, mas o cientista se impõe essa tarefa, realizada pela formulação de hipóteses que possam ser verificadas por um determinado método e modelo. Loparic, ao analisar a obra de Mach, comenta esse procedimento heurístico: "Suponha-se que nossa tarefa seja completar em pensamento (e não por um experimento sensorial) um fato incompletamente conhecido; por exemplo, encontrar as condições desconhecidas de sua ocorrência regular. [...] Muitas vezes, até mesmo propriedades gerais dessas condições

---

[60] Freud 1925d, p. 31.
[61] Mach 1905, pp. 1-2.

desconhecidas são desconhecidas por nós; neste caso, é útil lançar mão de fatos imaginários que possuam algumas propriedades bem conhecidas [...] para ver se eles podem ou não ser combinados de modo a satisfazer a relação especificada no problema em exame. Se isso se der, nosso problema estará resolvido. Essas considerações fornecem a justificativa metodológica para o uso de hipóteses em ciência: elas são heuristicamente eficazes".[62]

As hipóteses heurísticas também devem ser confrontadas com as experiências, sejam as efetivas, sejam as do pensamento. De um modo geral, uma hipótese é forjada em função da representação adequada de um fato particular, pois a ciência sempre parte do estudo de fatos restritos para deles apreender explicações mais amplas, mas, ao fazê-lo, o cientista não sabe se sua hipótese estará de acordo com circunstâncias mais amplas.

Em Freud, temos a mesma perspectiva de entendimento sobre o ponto de partida do cientista e o trabalho de generalização que está em seu horizonte. Ao considerar como evidente a "unidade do mundo"[63] – ou seja, que todos os fenômenos dependem uns dos outros, numa série de determinações sem lacunas –, Freud reconhece a rede infinita de determinações entre os fenômenos, mas, afirmando-se um cientista, ele caminha a passos miúdos, partindo de fatos restritos para tentar alcançar a compreensão de conjuntos cada vez mais amplos, delimitados, no entanto, pelo campo próprio de sua ciência. Diz Freud a Andreas-Salomé: "Você sabe que eu me preocupo com o fato isolado e que espero que jorre dele por si mesmo o universal".[64]

De acordo com Mach, as hipóteses na ciência estão sempre abertas à reformulação; por isso, pode-se aprender pela observação, melhorada e aprofundada dos fatos, bem como pelos resultados acumulados pelas pesquisas já realizadas. Faz parte da natureza de uma hipótese estar "destinada a ser substituída por outra hipótese ou pelo conhecimento dos

---

[62] Loparic 1984, p. 41.

[63] Freud & Andreas-Salomé 1966a, 30/07/1915, p. 43.

[64] Freud & Andreas-Salomé 1966a, 01/04/1915, p. 38.

fatos".⁶⁵ Em 1925, Freud diz o mesmo em relação às hipóteses da sua psicologia: "A psicanálise repousa solidamente sobre a observação dos fatos da vida da alma, é por isso que sua supra-estrutura teórica é ainda incompleta e se encontra em constante mutação".⁶⁶

Essa postura entende a ciência como um saber parcial e incompleto, tanto no que diz respeito à sua tentativa de explicar um fato restrito, visto que "sempre será bom esperar que possam vir a intervir condições ainda desconhecidas, que nos escaparam até o presente",⁶⁷ quanto no que se refere às explicações universais, que parecem fugir de seu campo de ação, mas que se apresentam como um *télos* de sua prática.

Freud, reiteradas vezes, afirmou a incompletude de seu trabalho, em especial no que diz respeito às suas teorias metapsicológicas: "Os próximos números da revista [*Jahrbuch* ou *Zeitschrift*] sairão com três títulos: 'Pulsões e seus destinos', 'A Repressão', 'O inconsciente', um tipo de síntese psicológica de diversas opiniões recentes, *incompletas como tudo que eu faço*, mas que não são sem algum conteúdo novo".⁶⁸

O cientista parte de concepções forçosamente parciais e redutoras. A representação que ele faz dos fatos não corresponde à totalidade deles; sua observação é já conduzida por princípios *a priori* que organizam sua própria percepção. Além disso, suas hipóteses partem sempre de fatos particulares e ele nunca sabe se, em face de casos gerais, ela irá sustentar-se. Mesmo confrontado à sua precariedade, o cientista continua suas verificações, esperançoso de que a continuidade de seu trabalho possa fornecer um passo na compreensão dos problemas que o inquietam: "A ciência pode ser considerada um tipo de coleção de instrumentos, permitindo-nos completar, pelo pensamento, os fatos que nos são dados apenas em parte, ou de limitar tanto quanto possível nossa expectativa nos casos futuros".⁶⁹

---

[65] Mach 1905, p. 194.

[66] Freud 1926f, p. 267.

[67] Mach 1905, p. 354.

[68] Freud & Andreas-Salomé 1966a, 01/04/1915, p. 38. Os itálicos são meus.

[69] Mach 1905, pp. 355-356.

Vimos como a observação fornece parte de nosso conhecimento; também já consideramos o problema daquilo que é irrepresentável ou ainda inacessível à observação. Através do pensamento será possível, então, completar aquilo que a experiência não nos forneceu: "Se nós examinamos mais de perto a hipótese científica, vemos, primeiro, que tudo aquilo que não pode ser imediatamente estabelecido pela observação pode ser completado mentalmente por uma hipótese. Nós podemos admitir a existência de partes de um fato que não foi observado. O geólogo e o paleontólogo são frequentemente levados a fazê-lo".[70]

Pode-se dizer, portanto, que, do ponto de vista de Mach, a ciência empírica é apenas parcialmente experimental, pois, tanto no início da pesquisa (com a formulação de princípios *a priori* que guiam a observação) quanto no final (hipótese geral sobre os fenômenos), ela se apoia na especulação. Isso estabelece a necessidade de considerar as proposições científicas como provisórias e seus resultados como problemáticos, sempre à espera de correção e enriquecimento pelas pesquisas posteriores, caminhando passo a passo através de um *tatear*, com a ajuda de hipóteses.

Essa mesma preocupação com os princípios e fundamentos do conhecimento científico levou Mach a tratar o problema da presença de elementos metafísicos nas ciências enquanto algo de utilidade provisória, mas que deve combatido e extirpado ao longo do tempo. É o que caracteriza sua reexposição da *Mecânica*, em que se coloca animado de um *espírito antimetafísico*. A mesma preocupação reaparece em *Análise das sensações*, no qual ele dedica, logo no início, um capítulo inteiro à essa questão. Mach é claro quanto a seu objetivo: "tudo que é hipotético, metafísico, fútil, deve ser eliminado";[71] "os conceitos empíricos devem substituir os conceitos metafísicos".[72] No entanto, nem sempre isso é possível, e o cientista deverá conviver com princípios não empíricos, às vezes com convenções, até que o desenvolvimento da ciência possa substituí-los.

---

[70] Mach 1905, p. 173.
[71] Mach 1886, p. 28.
[72] Mach 1886, p. 332.

4. Causalidade nas relações e método combinado de análise e síntese em Mach e Freud

Toda ciência depende de uma concepção da noção de causalidade. A princípio, seja qual for a especificidade dessa noção, surge como imperiosa a questão do determinismo e do indeterminismo como base sobre a qual todo saber se edifica. Para Mach, não há ciência fora do pressuposto determinista; no entanto, ele não fecha seus olhos para o problema, estabelecendo uma concepção final a favor da tese determinista, principalmente quando se trata da compreensão do ser humano. Mach é prudente ao não excluir, de uma maneira radical, todo o acaso e tudo aquilo que possa se relacionar com a noção de liberdade: "A hipótese de uma alma *agindo livremente* e sem lei será sempre difícil de refutar, porque a experiência mostrará sempre um resto de fatos não explicados; mas assumir uma alma livre como uma alma livre como uma hipótese científica, ou até mesmo considerar isto, é certamente uma aberração metodológica".[73] Se, por um lado, ele defende que cabe ao cientista aceitar uma dose de indeterminismo como condição necessária à realização de novas descobertas – "Ao considerarmos a constância em geral, não excluímos a possibilidade de ocorrer falha em casos individuais. Pelo contrário, devemos sempre estar preparados para decepções, já que nunca se sabe se foram consideradas todas as relações de dependência num caso particular. A experiência é limitada no espaço e no tempo e oferece apenas um pequeno segmento da totalidade dos acontecimentos. Não há fatos da experiência que se repetem com precisão absoluta, cada nova descoberta revela falhas de percepção e revela um resíduo até então não percebido nas relações de dependência [entre os fatos]. Por isso, o determinismo teórico extremo deve, na prática, a ser um indeterminismo, especialmente se não se deseja tornar impossíveis as descobertas extremamente importantes feitas pelas especulações"[74] – por outro, reafirma, como já indicamos, a condição *apriorística* da tese determinista dentro de um quadro de grande prudência: "É impossível provar a justeza

---

[73] Mach 1905, p. 20.
[74] Mach 1905, p. 208.

da tese determinista ou indeterminista. Seria necessário que a ciência fosse completa ou impossível para que a questão fosse resolvida definitivamente. Mas, enquanto se fazem as pesquisas, todos os homens de ciência são forçosamente deterministas em teoria".[75]

Freud tem a mesma prudência. De um lado, afirma sua grande confiança no determinismo no mundo da alma (psíquico), sem o que a psicanálise enquanto ciência empírica seria impossível. Ele comenta, por exemplo, quando se refere ao abandono da hipnose e a introdução do método das associações livres: "Uma sólida confiança no rigor do determinismo no animismo tem certamente sua parte no recurso a esta técnica [da associação livre] que deveria substituir a hipnose".[76] Por outro lado, Freud comenta: "Δαιμων χαι Τυχh [Destino e acaso] determinam o destino do ser humano – raramente, talvez jamais, uma dessas potências o faz sozinha"[77] Convém precisar que Freud aceita o acaso somente para aquilo que ocorre no mundo exterior, mantendo sua convicção de que, no mundo interno, ele não é aceitável: "Eu creio de fato no acaso exterior (real), mas não creio no acaso interior (psíquico)".[78]

No texto *Sobre a psicogênese de um caso de homossexualidade feminina*, de 1920, Freud diz em que sentido a psicanálise é eficiente para explicar as relações causais na determinação dos fenômenos psíquicos: se a análise vai dos dados às suas condições, a explicação é confiável, mas, se invertemos o sentido, partindo das condições para predizer seus efeitos, então a psicanálise mostra-se extremamente imprecisa e ineficaz em termos da determinação do que pode vir a ocorrer dada uma determinada situação e história psíquica. Evidentemente, isso não significa o abandono do princípio da causalidade, mas diz tão-somente que a psicanálise é eficiente para *retro dizer* a série de determinações a partir de uma situação analisável, mas não é confiável no que se refere a previsões. De acordo com Freud, se vamos dos

---

[75] Mach 1905, p. 208.
[76] Freud 1923a, p. 238.
[77] Freud 1912b, p. 99.
[78] Freud 1901b, p. 257.

dados às premissas, temos uma inteligibilidade possível, mas, se vamos das premissas procurar os mesmos efeitos finais, então, fracassamos.[79]

Quando Mach procura mostrar como compreende a noção de causalidade, critica a noção antiga e rígida dessa concepção, considerando que é um engano tentar associar, em linha reta, uma determinada quantidade de causa à sua correspondente quantidade de efeito:

> Examinemos mais de perto o que entendemos por causalidade, de maneira a dar ao que precede uma justificação mais estreita. A concepção antiga de causalidade, que herdamos da tradição, é um tanto quanto rígida, dado que para uma quantidade definida de causa *resulta* uma quantidade definida de efeito. Tal é a expressão típica de uma concepção do mundo primitiva e farmacêutica, como é ainda o caso nas teorias dos quatros elementos. O emprego do termo causa [*Ursache*] é suficiente para o tornarmos evidente. Na natureza, as conexões são raramente muito simples, de maneira que se possa fornecer, num caso dado, uma só e mesma causa, um só e mesmo efeito. É por isso que me esforcei, já a um longo tempo, em substituir o *conceito de causa* pelo *conceito de função* matemática, o que significa *dependência mútua dos fenômenos*, ou, mais precisamente ainda, *dependência mútua das características que pertencem aos fenômenos*.[80]

A situação da natureza é muito mais complexa do que nos faria pensar a noção de causa e efeito em linha reta. A posição do cientista, de um modo geral, deve ser dedicar-se à compreensão dessa rede de dependências, o que leva Mach a propor a substituição do conceito de causa pelo de função: a descoberta da dependência recíproca dos fenômenos e sua descrição econômica tornaram-se, então, o objetivo da ciência, sendo que os conceitos são meios para chegar a esse objetivo. A teoria poderia ser caracterizado, pois, nesse sentido, como uma descrição condensada dos fatos e suas relações de determinação recíproca.

---

[79] Freud 1920a, p. 167-8. Veja também o comentário de Mezan (1998, p. 338) sobre a noção de causalidade na psicanálise, do ponto de vista da capacidade da psicanálise de *retro* dizer os acontecimentos a partir de um determinado caso, mas da sua incapacidade de prever o que ocorrerá a partir dos seus dados e teorias.

[80] Mach 1886, pp. 88-89.

O que importa, na verdade, são as relações entre os elementos; é isto que se pode esperar das ciências, ou seja, que elas possam produzir uma inteligibilidade de "a complexa interdependência dos elementos".[81] Quando o cientista separa os elementos em causas e efeitos, introduz uma operação artificial e arbitrária, pois, na verdade, as noções de causa e efeito são intercambiáveis, tal como os termos de uma equação matemática. Mach é explícito: "As constâncias são dependências mútuas dos elementos dados, das relações funcionais ou equações entre os dados".[82] Vemos assim, no que consiste o determinismo para Mach: "Sua determinação consiste na mútua dependência dos fatos dados, de modo que o pensamento possa apreendê-los. Tanto o pensamento comum como o científico deve se contentar, inicialmente, com uma adaptação bastante grosseira dos pensamentos com os fatos".[83]

Tal como Mach, Freud coloca, em diversos momentos, o mesmo tipo de objetivo científico na procura das *relações* entre os fenômenos: "O começo correto [adequado] da atividade científica consiste antes na descrição dos fenômenos que são em seguida agrupados, ordenados e colocados em conexão"[84] e "[A psicanálise] não quer outra coisa que descobrir as correlações, levando aquilo que é patente ao que é desconhecido"[85] ou, ainda: "Diferenciando ideias pré-conscientes e inconscientes, fomos levados a deixar o domínio da classificação e a formar uma opinião sobre as relações funcionais e dinâmicas sobre a ação psíquica. Nós encontramos uma *atividade pré-consciente* passando à consciência sem dificuldade, e uma *atividade inconsciente* que permanece como tal e parece estar cortada da consciência".[86]

---

[81] Mach 1905, p. 8.

[82] Mach 1905, p. 207.

[83] Mach 1905, p. 2.

[84] Freud 1915c, p. 117.

[85] Freud 1912d, p. 187.

[86] Freud 1912g, p. 434.

Ao falar em *relações* ao invés de *causalidades*, não se trata de uma opção apenas terminológica, mas de se colocar num ponto de vista epistemologicamente mais adequado, dando a ver que o conceito de causa nada mais é do que um artifício que tem uma importância apenas como princípio inicialmente proposto, provisório, na procura das relações: "A vantagem do conceito de função sobre o de causa consiste para mim em que: o primeiro nos impõe uma precisão rigorosa, ele não possui a incompletude, o vago, a parcialidade do segundo. De fato, o conceito de causa é apenas um expediente primitivo e transitório".[87]

O cientista suporta que seu trabalho seja sempre parcial, incompleto, explicitando apenas uma parte das relações entre os elementos da natureza. Ele sabe que sua tarefa é extremamente complexa, visto que as relações diretas entre todos os elementos é algo que lhe escapa: "A descoberta das relações diretas dos elementos entre eles é uma tarefa tão complexa que não pode ser realizada de uma só vez: ele deve avançar passo a passo".[88]

O cientista é um decifrador de enigmas, um homem que se comporta como um caçador à procura de uma presa, perseguindo-a num terreno difícil e desconhecido: "O trabalho do pesquisador é tão emocionante quanto pode ser, para o caçador, a perseguição de uma caça pouco conhecida em circunstâncias difíceis".[89] Para realizar essa tarefa, dispõe de um método específico em função da utilização da noção de função, que substitui a noção de causa e efeito. Como os fenômenos são mutuamente dependentes, o cientista pode estudá-los, realizando os mais diversos tipos de variações e observar o estado das relações que se estabelecem nas diversas situações. Esse tipo de experimentação não precisa ser realizado efetivamente; muitos são "experimentos de pensamento", que podem ser feitos apenas na mente do cientista: "As coisas que dependem umas das outras mudam geralmente juntas: o método das variações concomitantes

---

[87] Mach 1886, p. 91.
[88] Mach 1905, p. 9.
[89] Mach 1905, pp.10-11.

serve sempre [...]. Para realizar sua tarefa, o homem de ciência tem a noção de função e o método das variações [...]. [O método das variações] é a base da pesquisa qualitativa e da pesquisa quantitativa; ele recorre tanto à observação como à experimentação, e guia a experimentação mental, que o leva à sua teoria".[90]

Quando Mach desenvolve sua história da mecânica, faz uma diferença entre o que denomina método *sintético* e método *analítico*, seguindo o já estabelecido por Kant. Este último comenta que a obra *Crítica da razão pura* foi edificada de modo *sintético*, ou seja: "investiguei na própria razão pura e procurei determinar, segundo princípios, nesta mesma fonte, tanto os elementos como as leis do seu uso puro".[91] Trata-se de um procedimento que põe como fundamento, unicamente, a própria razão, procurando, a partir daí, sem se apoiar em qualquer fato, produzir o conhecimento "a partir de seus germes iniciais".[92]

Mach comenta que, em Newton, esse procedimento é claro, e que este autor desenvolve suas teorias demonstrando suas hipóteses com a ajuda de construções auxiliares e buscando deduzir as consequências lógicas e práticas de seu ponto de partida – o que caracterizaria o método sintético dos antigos geômetras.[93]

Por outro lado, Kant especifica que, ao escrever os *Prolegômenos*, de 1783, procedeu de forma *analítica*, ou seja, partiu de algo que já se conhecia com segurança (a matemática e a física) para "subir até as fontes que ainda não se conhecem e cuja descoberta nos explicará não só o que já se sabia, mas, ao mesmo tempo, nos fará ver um conjunto de muitos conhecimentos, todos provenientes das mesmas fontes".[94]

---

[90] Mach 1905, p. 209.

[91] Kant 1783, p. 36; A, p. 38.

[92] Kant 1783, p. 36; A, p. 39.

[93] Mach 1883, pp. 465-466.

[94] Kant 1783, p. 36; A, p. 39.

Kant é explícito na caracterização dos procedimentos analíticos e sintéticos: "O método analítico, enquanto oposto ao método sintético, é inteiramente diverso de um conjunto de proposições analíticas: significa apenas que se parte do que se procura, como se fosse dado, e se vai até as condições sob as quais unicamente é possível. Neste método de ensino, empregam-se muitas vezes apenas proposições sintéticas; a análise matemática é disso um exemplo; e seria melhor chamá-lo método *regressivo*, para o distinguir do método sintético ou *progressivo*".[95]

Mach inscreve-se nessa mesma direção, opondo um método a outro e mostrando como isso é processado pelo cientista: "Se o método que se segue consiste em deduzir as consequências de hipóteses dadas, ele é *sintético*. Se, inversamente, procura-se as condições de existência de um teorema ou das propriedades de uma figura, procede-se pela via *analítica*".[96]

Portanto, o método analítico constitui uma maneira de *retro dizer* a dependência entre os fenômenos para explicar uma situação atual. Ao proceder assim, o cientista procura, inicialmente, a condição da qual um fato ou fenômeno depende diretamente, depois, a condição dessa condição, e assim por diante. Essa postura torna possível explicar um conjunto amplo de fatos, mostrando certas condições que tornam inteligível a determinação mútua dos fenômenos analisados; entretanto, essas condições não são nem necessárias nem suficientes para que, uma vez dadas, garantam que o resultado final seja o mesmo. Trata-se, assim, de um saber (*ad hoc*) feito para aquele caso específico e que só pode ser considerado como parcialmente correto, mas, mesmo assim, extremamente útil para a compreensão de casos similares.

Mach faz sua análise do método analítico indicando a dependência que esse método tem da formulação de hipóteses, que servem como uma linha possível para estabelecer o caminho que vai dos fatos às suas condições supostas: "A pesquisa analítica das condições, que supõe um

---

[95] Kant 1783, p. 40, n. 1; A, p. 42, n. 1.

[96] Mach 1883, p. 466.

fato dado, é um problema muito mais determinado do que a pesquisa das consequências da condição fixada; assim, esse trabalho só se faz passo a passo, por *tateamento*, com a ajuda de hipóteses, nas quais o que se supôs se encontra exatamente no meio de coisas falsas e inúteis, e a sequência dos pensamentos do cientista é fortemente influenciada por contingências".[97]

Essas hipóteses se dirigem, inicialmente, a uma situação desconhecida da qual não se tem clareza suficiente. Com elas, procura-se apreender tudo aquilo que intuitivamente se liga a essa situação, considerando, então, a partir dessas hipóteses, como solucionar o problema que se tentará resolver. Nesse percurso, a hipótese sofre alterações e aperfeiçoamentos que eliminam dela tudo aquilo que pode ser considerado supérfluo. Quando isso ocorre, acaba-se a análise.

A distinção entre os métodos de análise e síntese combinados, tanto na ciência como na filosofia, pode descrever quais são os procedimentos para que o conhecimento possa ser desenvolvido, produzido e apresentado. A compreensão da maneira como a análise e a síntese são *combinadas* mostra ou descreve qual é o caminho que o cientista percorre na produção do conhecimento. Isto não corresponde a algo novo, mas faz parte da própria história da ciência e do modo como os cientistas agem:

> Tal como em matemática, também na filosofia natural a investigação de coisas difíceis pelo método de análise deve sempre preceder o método de composição. A análise consiste em realizar experimentos e observações, e em extrair delas conclusões gerais por meio da indução, sem admitir nenhuma objeção às conclusões, senão as que decorrem de experimentos ou de outras verdades seguras [...] Através dessa análise, podemos proceder dos compostos para os componentes, e dos movimentos para as forças que os produzem; e, em geral, do efeito para suas causas, e de causas particulares para causas mais gerais, até que o argumento se conclui na causa mais geral. Esse é o método de análise. E a síntese consiste em assumir as causas descobertas e estabelecidas como princípios e explicar por meio delas os fenômenos que delas decorrem, e provar a explicação. [...] Ora, a análise é o caminho

---

[97] Mach 1905, p. 197.

a partir do que é buscado – tomado como se estivesse admitido –, passando ordenadamente por suas consequências até algo admitido na síntese. Pois na análise nós tomamos como já feito aquilo que se está buscando, e indagamos de que ele resulta; e, de novo, qual é o antecedente deste último, até que, em nosso caminho para trás, deparemo-nos com algo já conhecido e que é o primeiro da ordem. E denominamos esse método análise, por ser uma solução para trás. Na síntese, por outro lado, tomamos como já feito aquilo que foi alcançado por último na análise, e, arranjando em sua ordem natural como consequentes aqueles que antes eram os antecedentes e ligando-os uns aos outros, chegamos por fim à construção da coisa buscada.[98]

A compreensão desses procedimentos, para a exposição e compreensão dos fenômenos, poderia, pois, a afirmar que o método de síntese seria apropriado para a exposição do conhecimento daquilo que é encontrado, enquanto que o método de análise seria um método heurístico, ou um método para que seja possível fazer uma ampliação.

O método de pesquisa em Freud pode ser, nesse sentido, também denominado um método combinado de análise e síntese: a análise cabe ao analista e a síntese ao paciente. O próprio Freud reconhece nomear seu método como *analítico* numa analogia com o que ocorre numa análise na química.[99] Mas o método psicanalítico não se esgota aí, pois é justamente a partir dos conhecimentos assim adquiridos, por análise, que Freud considera legítimo "completar as teorias"[100], realizando supostas sínteses que possibilitam explicação às relações entre os fenômenos psíquicos. Essa síntese corresponde à procura de uma teoria geral, sem lacunas, para explicar os fatos psíquicos.

Será, então, justamente procurando completar aquilo que os dados empíricos deixam em aberto que Freud irá elaborar uma metapsicologia, ou seja, uma psicologia que vai além do que os dados descritivos fornecem, mas cuja função é estabelecer possíveis relações de determinação recípro-

---

[98] Loparic 2000 [1982], p. 35-36.
[99] Freud 1919a, p. 160.
[100] Freud 1925d, p. 31.

ca entre os fenômenos psíquicos, fornecendo, então, uma explicação causal apresentável numa série sem lacunas. Para marcar essa distinção entre a parte teórica empírica da psicanálise e a parte teórica especulativa, que "completa as teorias", podemos retomar o próprio Freud, explicitando o que pertence a um e outro tipo de teoria na sua doutrina. Como parte dos fundamentos empíricos da psicanálise, ele elenca: "A hipótese de processos anímicos inconscientes, o reconhecimento da doutrina da resistência e da repressão [*Verdrängung*], o valor dado à sexualidade e ao Complexo de Édipo são os conteúdos principais da psicanálise e os fundamentos de sua teoria, e quem não está à altura subscrever todos eles não deveria se contar entre os psicanalistas".[101]

A esses dados empíricos, acrescentemos ainda a transferência como um acontecimento reconhecível em todo tratamento que utilize o método psicanalítico. Quanto à metapsicologia, seus conceitos podem ser agrupados em referência a três tipos de descrições especulativas do psiquismo: a dinâmica – com a noção de pulsões em conflito, que nada mais são do que conceitos dados por *convenção*,[102] e não por observação –, a econômica – que *supõe, especulativamente*,[103] a existência de uma energia psíquica de natureza sexual, denominada *libido* – e a tópica – que cria a *ficção*[104] de um aparelho psíquico, subdividido em instâncias, seja as da primeira tópica (Ics-Pcs-Cs) seja as da segunda tópica (Isso-Eu-Supereu).

---

[101] Freud 1923a, p. 247.

[102] Freud 1915c, p. 117.

[103] Freud 1914c, p. 76.

[104] Freud 1900a, p. 603.

Capítulo 3

Princípios da pesquisa científica

1. Ponto de vista dinâmico e teleologia causal

A idéia de função, enquanto variação conjunta e necessária dos *elementos*, leva-nos a outro aspecto da pesquisa científica, que é o de estabelecer o princípio que serve como motor às determinações recíprocas. A compreensão da natureza deve levar em consideração um aspecto geral que age no curso das relações entre os fenômenos. Durante anos, a física manteve-se num ponto de vista em que as relações de determinação eram inteligíveis por meio do contato mecânico entre os fenômenos (ou corpos), que transmitiam, assim, seus movimentos. Só no mundo moderno o ponto de vista mecânico foi substituído pelo ponto de vista dinâmico, com a introdução do conceito de força como elemento *motriz* fundamental de todos os movimentos.

Mach é extremamente sensível a essa questão quando reexpõe a história da física e a do desenvolvimento da dinâmica, salientando em que momento ocorre essa mudança fundamental. Físicos (tais como Galileu, Huygens e Newton) abandonaram a idéia aristotélica de uma *causa final* que animaria os movimentos, evitando que se introduzisse na natureza um animismo. Eles procuraram apenas as *causas eficientes*, libertando a ciência da metafísica finalista.[1]

---

[1] Para Aristóteles todo movimento tem quatro causas (material, eficiente, formal e final). Para dar um exemplo a título de explicação, quando um bloco de mármore é

Para Mach, o abandono dessa perspectiva finalista não foi absoluto, tanto que, na biologia, ela reaparece associada ao ponto de vista dinâmico: todo organismo é uma complexidade que pretende se preservar suas propriedades particulares (sua composição química, sua temperatura etc.) ante as influências exteriores, um sistema que oferece um *estado de equilíbrio dinâmico* de considerável estabilidade. Evidentemente há, nesse equilíbrio biológico, um objetivo a ser atingido, o que leva a recolocar o problema da finalidade dos movimentos: "A partir do momento em que as funções orgânicas são inicializadas *uma pela intervenção de outra*, existindo entre elas uma *conexão* que *não se limita à imediatez* de uma reação, ou seja, ali onde houve *percurso*, é porque houve finalidade".[2]

Mach retoma, assim, a questão das causas finais responsáveis por uma dinâmica. Ele diz que a própria história da biologia comprova que o conceito de finalidade mostrou-se extremamente fecundo. Mas isso não nos obriga a reintroduzir uma noção metafísica numa parte da pesquisa científica, pois a utilidade da concepção teleológica não desobriga o cientista de procurar uma compreensão dos fenômenos através de uma explicação não-metafísica:

> Nos interessa as relações entre física e biologia, no seu sentido mais amplo. Aristóteles já marcava uma diferença entre *causas eficientes* e *causas últimas* (ou *finais*). Supõe-se, desde então, que os fenômenos físicos são determinados por causas eficientes, enquanto que os fenômenos biológicos o são por causas finais. Por exemplo, a aceleração de um corpo depende exclusivamente de uma causalidade eficiente (pelas circunstâncias do movimento, como a presença de de outros corpos, elétricos ou magnéticos, em gravitação). Hoje, nós não estamos em condições de inferir sobre o desenvolvimento das plantas nas suas formas variadas, ou as ações instintivas dos animais, a partir somente de causas eficientes; mas fatos como esses podem

---

transformado numa escultura, deve-se, do ponto de vista de Aristóteles, considerar: a *causa material*, seria o mármore; a *causa eficiente*, o escultor; a *causa formal*, a forma que essa escultura adquiriu ao final do processo de transformação; e a *causa final*, o motivo ou razão pela qual o bloco de mármore foi transformado.

[2] Mach 1886, p. 98.

ser compreendidos quando consideramos a finalidade da autoconservação nas condições de vida particulares desses organismos. Apesar das reservas teóricas que se pode ter em relação ao conceito de finalidade em biologia, seria certamente perverso não usar os fios condutores que nos fornece a consideração das causas finais, num domínio onde a investigação "causal" só nos oferece explicações imperfeitas.[3]

Não haveria, na verdade, uma oposição entre a concepção teleológica e a causal, pois a teleologia não é uma hipótese que espera uma comprovação empírica, mas apenas um passo provisório até que se possam atingir as explicações funcionais não metafísicas. Segundo Mach, a teologia é como a pesquisa *histórica*, ou seja, é um trabalho prévio que deverá ser completado pela pesquisa das causas. Afirma ele: "Da mesma maneira que a investigação teleológica, a pesquisa *histórica* sempre é um trabalho prévio: ela deve ser completada pela pesquisa das causas".[4] É nesse sentido que Mach afirma que não teria nada a objetar à idéia de uma "teleologia empírica", dentro do projeto para a elaboração vagarosa e paulatina do conhecimento científico.[5]

Freud, por sua vez, defende que as dinâmicas psíquicas estão associadas a uma intenção *final*, demonstrada na sua análise dos atos falhos, sonhos e sintomas, que nada mais seriam do que atos psíquicos resultantes do conflito de interesses que buscam, cada um, determinados objetivos. Sua profunda fé no ponto de vista finalista, enquanto motor dos comportamentos, levando-o até mesmo a supor estreitas conexões entre as teses da psicanálise (sobre o psiquismo) e as de Lamarck (sobre a evolução das espécies). Freud comenta a Abraham que um trabalho que mostrasse essas conexões constituiria um grande avanço científico: "A finalidade seria,

---

[3] Mach 1886, pp. 84-85.

[4] Mach 1886, p. 98.

[5] Mach 1886, n. 2, p. 89. Em Kant já encontramos uma defesa do uso da ideia de uma teleologia como uma ideia que "não pode causar-nos nenhum malefício sério" (Kant 1787, A 687); ou, ainda, "nada de decisivo pode ser levantado contra ela" (Kant 1787, A 826), desde que, é claro, "limitemo-nos a um uso meramente regulativo" desse princípio (Kant 1787, A 687).

então, verdadeiramente explicada psicanaliticamente, seria o seu [da psicanálise] arremate".[6]

Esse finalismo, ou a teleologia, está apoiado sobre um outro princípio abraçado por Freud: seu ponto de vista dinâmico, que supõe forças (pulsões) em conflito como origem causal dos fenômenos psíquicos. Esse princípio, em Freud, "propõe, no lugar de uma simples descrição, uma explicação dinâmica fundada sobre a interação de forças psíquicas".[7] Para ele, esse princípio estabelece a própria diferença entre suas explicações e as dadas por outras psicologias. O ponto de vista dinâmico não é uma invenção de Freud, mas sim a reiteração de uma postura metodológica defendida por um dos seus professores: "Brücke e eu [Dubois-Reymond] nos comprometeremos a impor esta verdade, a saber, que somente as forças físicas e químicas, com exclusão de qualquer outra, agem no organismo. Nos casos que não podem ser explicados, no momento, por essas forças, deve-se empenhar em descobrir o modo específico ou a fonte de sua ação, utilizando o método físico-matemático, ou então postular a existência de outras forças, equivalentes em dignidade, às forças físico-químicas inerentes à matéria, redutíveis à força de atração e repulsão".[8]

O conceito de pulsão, formulado por Freud, corresponde, pois, justamente a essas forças "iguais em dignidade" acima citadas; elas são forças psíquicas que têm uma natureza análoga às forças postuladas na física.

2. História da noção de força para Mach[9]

A noção de força, associada ao ponto de vista dinâmico, foi analisada por Mach na sua história da física. De acordo com ele, essa noção, tal qual a compreendemos hoje, surge vagarosamente ao longo dos séculos XVI e XVII. Ela aparece, primeiramente, de forma nebulosa e rudimentar,

---

[6] Freud & Abraham, 1965, p. 266, 11/11/1917.
[7] Freud 1915e, p. 173.
[8] Cf. Shakow e Rapaport 1964, p. 34.
[9] Para um estudo mais amplo do conceito de força na física, veja Hesse 1970 [1962].

no campo da estática, e será apresentada de maneira mais clara nos trabalhos iniciados por Galileu (1564-1642), desenvolvidos por Huyghens (1629-1695) e concluídos por Newton (1642-1726). Trata-se de uma concepção que surge no estudo dos sistemas estáveis, mas que encontrará seu pleno desenvolvimento no estudo dos movimentos, constituindo o princípio fundamental da dinâmica.

Segundo Mach, a história da estática começa na Grécia Antiga, em especial com os trabalhos de Aristóteles (384-322 a.C.) e de Arquimedes (287-212 a.C.), nos quais inexiste a noção de força. Para ele, as explicações de Aristóteles, no que dizem respeito à teoria dos elementos (terra, fogo, ar, água) que tendem a encontrar seu lugar natural, dedicavam-se mais a explicar o *porquê* do que o *como* dos movimentos. Do ponto de vista de Mach, Aristóteles faz o reconhecimento e a enunciação dos problemas, mas suas soluções não são felizes. Aristóteles, em seu *Problemas mecânicos,* teria apresentado uma obra muito mais dialética do que científica, contentando-se em colocar em evidência as dificuldades que envolvem os problemas. Mach cita Aristóteles comentando que os problemas teriam sido bem colocados, mas suas soluções estariam ainda longe de serem adequadas:

> Se algo ocorre, mesmo de acordo com [as leis da] natureza, mas cuja causa não nos aparente, isso aparece-nos como maravilhoso [...]. Deste gênero são os fatos nos quais pequenas coisas sobrepujam grandes coisas, pequenos pesos levantam pesados fardos e, assim, todos os problemas que recebem o nome de mecânica.... As aporias (contradições) deste tipo dizem respeito à alavanca (balança), pois parece contraditório que uma força mínima coloque em movimento uma grande massa à qual é ainda ligada a uma carga maior. Aquele que, sem a alavanca, não poderia fazer mover um fardo, o coloca facilmente em movimento quando acrescenta ainda o peso da alavanca. A causa de tudo isto se encontra na essência do círculo, o que é muito natural, pois não há nada de contraditório em que o maravilhoso saia do maravilhoso. Mas a reunião de propriedades contrárias num todo unitário é o que há de mais maravilhoso. O círculo é verdadeiramente composto desta maneira, pois ele é gerado por alguma coisa que se move e alguma coisa que fica em seu lugar.[10]

---

[10] Mach 1883, p. 512.

Em Arquimedes, nos trabalhos sobre as balanças e nos estudos sobre a alavanca e seus pontos de apoio ("dêem-me um ponto de apoio e eu moverei o mundo"), Mach encontra uma tentativa de abordar o problema a partir de outro prisma. Arquimedes buscava explicar como era produzido o equilíbrio de um sistema e, para isso, identificava as variáveis importantes, levando em conta os pesos e a distância desses pesos (braços da balança) do ponto de apoio do sistema. Suas explicações mostravam a relação entre essas variáveis e o equilíbrio: "Dois pesos de igual medida estão em equilíbrio quando estão em razão inversa de suas distâncias do ponto de apoio".[11]

O objetivo de Arquimedes e de seus sucessores era, então, mostrar que todos os casos mais complicados de equilíbrio poderiam ser reduzidos ao caso mais simples da balança, que era, por si mesmo, evidente. Mach afirma que a demonstração de que tudo procedia dessa maneira, na estática, não se mostrou totalmente rigorosa. Vê-se claramente que a explicação do equilíbrio é buscada através da análise das proporções entre pesos e distâncias. Esse procedimento, *na procura das proporções*, permanecerá durante muito tempo padrão metodológico da pesquisa científica.

A hegemonia do pensamento aristotélico dura mais de mil anos. Só nos pensadores-artistas do Renascimento temos uma mudança nesse modo de pesquisar a matéria e seus movimentos, mesmo que ainda estejamos distantes de uma ruptura radical desse paradigma, que tem na procura das proporções um de seus vetores principais. No entanto, muitos pesquisadores tiveram intuições importantes em relação aos novos conceitos que só serão edificados no futuro desenvolvimento da física com Galileu e Newton. Mach cita, por exemplo, Leonardo da Vinci (1452-1519), referindo-se ao primeiro estudioso que teria reconhecido a "importância da noção geral de momento estático"; também associa a essa idéia o nome de Guido Ubaldi (1545-1606), que teria feito considerações análogas, mas, ambos, mantendo-se, sem sombra de dúvida, no trabalho com as proporções. Não nos interessa aqui a análise das formulações sobre o "momento

---

[11] Arquimedes, *De Aequiponderantibus* de Arquimedes (*apud* Mach 1883, p. 9).

estático" nem as analogias de Leonardo da Vinci nas suas especificidades, mas sim observar que esses homens procuravam relações proporcionais no entendimento da natureza; neles a noção de força não desempenha nenhum papel.

Com Stévin (1548-1620), o primeiro a estudar as propriedades mecânicas do plano inclinado, encontramos um avanço decisivo, pois ele chega a formular geometricamente as leis do equilíbrio dos corpos ou sistemas de corpos interligados. Essa representação de Stévin será mais tarde considerada por Newton (1642-1726) e Varignon (1654-1722) como o *paralelogramo de forças*. Suas formulações, no entanto, estão ainda no campo das proporções, em que a diagonal do paralelogramo substitui, como resultante, as trações representadas pelos lados da figura.

Nesse momento, a noção de força já tem alguma existência, mas totalmente associada à idéia de *tração* ou *pressão* produzida por um peso: "A estática só conhece a força primeiramente como uma pressão ou uma tração que, sempre e em todas as circunstâncias, pode ser substituída pela pressão ou tração produzida por um peso".[12] Mach comenta que, após os trabalhos de Stévin, Galileu modifica o procedimento de Arquimedes, mas ressalva que Galileu começara suas pesquisas utilizando-se das antigas noções, familiares a seu tempo.

Esse é um momento extremamente importante que marca a ruptura de um paradigma metodológico de pesquisa. Quando Galileu publica seu *Discorsi e Dimostrazioni matematiche,* em 1638, expondo suas primeiras pesquisas sobre as leis da queda dos corpos, encontramos um novo espírito científico: "Galileu possui o espírito moderno: ele não se pergunta *por que* os corpos caem, mas sim *como* eles caem, e por quais leis se move um corpo em queda livre. Para determinar essas leis, ele faz certas hipóteses; mas, ao contrário de Aristóteles, não se limita a colocá-las; ele procura prová-las com exatidão pela experiência".[13]

---

[12] Mach 1883, p. 42.
[13] Mach 1883, p. 130.

Galileu é considerado o responsável pela fundação do que se denominou, na física, o estudo da Dinâmica. Seu estudo do movimento dos corpos em queda livre é tanto uma decorrência como uma ruptura dos procedimentos aplicados ao estudo da Estática. Ao dedicar-se a entender *como* os corpos caem, Galileu conclui, por meio de suas experiências, que a queda dos corpos é um movimento no qual a velocidade cresce proporcionalmente ao tempo, ou seja, um movimento uniformemente acelerado. Tratava-se, então, de explicar qual circunstância era responsável pela aceleração dos corpos em queda livre.

Ao trabalhar com a noção de pressão ou tração, provocada por um peso, Galileu reconhece empiricamente que essa pressão é o que provoca o movimento. Ele toma, então, a idéia de força como sinônimo de pressão, o que era, aliás, uma analogia corrente, mas que se limitava a renomear a pressão. No entanto, dizer que a pressão (força) pudesse provocar um movimento não era evidente. Trata-se, de fato, da introdução de uma hipótese fundamental que reestrutura a estática e dá início à dinâmica: "Não é de maneira alguma evidente que as circunstâncias que determinam movimentos, isto é, as forças, também produzam acelerações. As diferenças de temperatura entre os corpos também produzem acelerações. No entanto, pela diferença de temperatura não são determinadas *acelerações* compensatórias, mas *velocidades* compensatórias".[14]

É necessário, aqui, explicar melhor essa analogia entre os termos força e pressão para que tenhamos clareza das operações intelectuais realizadas na construção do conceito de força.

Na estática, estamos diante de uma série de circunstâncias que, *juntas* (tomadas na sua dependência mútua), resultam numa falta de movimento, mas que, se agissem separadamente, o provocariam. É a partir desse tipo de compreensão que se pode entender por que pressão e força são tomadas como sinônimos, bem como explicitar por que a noção de força é uma concepção antropomórfica: "As circunstâncias determinantes de movimento que nos são mais bem conhecidas são nossos próprios atos voluntários,

---

[14] Mach 1883, p. 142.

nossas inervações. Nos movimentos que nós mesmos provocamos, bem como aqueles que são determinados por circunstâncias, nós ressentimos sempre uma certa pressão. Daí nosso hábito de figurar, a nós mesmos, toda circunstância determinante de movimento como análoga a um ato de vontade, como uma *pressão*".[15]

Com essa analogia, o homem pode reconhecer, pela sua própria experiência sensível, o que é uma força, estabelecendo inclusive gradações, pois, da mesma maneira que ele sente a intensidade de uma pressão agindo no seu corpo, supõe que o mesmo ocorreria na natureza, no contato entre os corpos. A partir daí, no campo da estática, pode-se representar por um peso *toda* circunstância determinante de movimento, e chega-se, assim, à idéia de que todas as circunstâncias determinantes de movimento, quer dizer, todas as forças, são grandezas de uma mesma espécie que podem ser medidas e substituídas por pesos. Ou seja, a força (pressão ou tração provocada por um peso) pode ser compreendida como a "circunstância que tem o movimento por consequência".[16]

No momento em que é possível medir o peso, tem-se um avanço extremamente significativo. Esse avanço é análogo à contribuição dada pela invenção do termômetro na análise dos fenômenos caloríficos: "O peso mensurável nos fornece um índice cômodo, comunicável e mais preciso, e nos fornece, na série de fenômenos mecânicos, exatamente o mesmo serviço que nos fornece o termômetro na série de fenômenos térmicos, ao substituir nosso sentido de quente e frio".[17]

Galileu dará à noção de força características que ultrapassam essa primeira identificação com a tração produzida por um corpo pesado e seu correspondente conteúdo intuitivo antropomórfico a que chamamos pressão: "A experiência nos mostra que a ação, determinante do equilíbrio ou do movimento, de uma força não depende somente de sua *grandeza*, mas

---

[15] Mach 1883, p. 84.

[16] Mach 1883, p. 84.

[17] Mach 1883, p. 85.

também de sua *direção* e que essa direção é dada por aquela do movimento inicial, por aquela do fio tenso ou por circunstâncias análogas. A outros dados da experiência física, tais como a temperatura e o potencial, pode-se associar uma grandeza, mas não uma direção. Saber que as circunstâncias determinantes de uma força aplicada a um ponto são sua grandeza *e* sua direção é uma experiência imperceptível, mas já muito importante".[18]

Nessa direção, chegamos a uma compreensão da noção de força que incluirá características que não tinham até então sido agrupadas dessa maneira, a saber:

> Chama-se, então, força a uma circunstância de movimento que possui os seguintes atributos: 1°) a *direção*, que é a direção do movimento determinado pela força agindo sozinha; 2°) o *ponto de aplicação*, que é o ponto do corpo que se coloca em movimento, mesmo se ele é colocado independente de suas ligações; 3°) a *intensidade*, quer dizer, o peso que, agindo com a ajuda de um fio aplicado ao mesmo ponto seguindo a direção dada, determina o mesmo movimento ou mantem o mesmo equilíbrio. As outras circunstâncias que modificam a determinação do movimento, mas que, sozinhas, não podem determinar nenhum, podem ser chamadas circunstâncias acessórias determinantes de movimento ou de equilíbrio. Tais são, por exemplo, os braços da balança, os deslocamentos virtuais etc.[19]

Quando se diz que a aceleração uniforme dos corpos em queda livre é uma conseqüência da ação constante da gravidade, deve-se especificar o momento histórico em que tal formulação pôde ser enunciada, sob a pena de, uma vez não respeitada essa cronologia, estarmos apresentando um anacronismo e um *nonsense* histórico. A esse respeito, afirma Mach: "A noção de força, tal qual nós a possuímos hoje, foi, de fato, criada por Galileu (1564-1642). Antes não se conhecia a *força* a não ser como *pressão*. Por uma razão mais forte ainda, só se pode saber pela experiência *como* a pressão se transforma em movimento, e reconhecer que ela não determina nem uma posição nem uma velocidade, mas uma aceleração. A simples lógica

---

[18] Mach 1883, pp. 42-43.
[19] Mach 1883, p. 85.

só poderia nos dar sobre esse ponto hipóteses; só a experiência pode nos esclarecer com autoridade".[20]

Deve-se ressaltar que Galileu representa apenas o primeiro passo na constituição de uma noção de força aplicável a diversas situações, considerando-a de diversos tipos. Como comenta Kuhn: "[a discussão de Galileu] a respeito da queda dos corpos raramente alude a forças e muito menos a uma força gravitacional uniforme que causasse a queda dos corpos".[21] Não podemos, pois, atribuir a Galileu a formulação completa do conceito de força, visto que seu sistema não se constituía como um paradigma que pudesse incluir esta noção como causa universal. Reconhecer esse processo nos obriga a respeitar uma cronologia das construções dos paradigmas científicos, evitando confundir os desenvolvimentos e as rupturas dos modos de compreender os problemas e as soluções que a história das ciências nos apresenta.

Vê-se, ainda em Galileu, que, mesmo advinda da observação, a noção de força não corresponde exatamente a um ente "real" apreensível diretamente, mas sim ao nome que se dava a uma circunstância, um constructo da razão que possibilitava dar uma explicação para os fenômenos da dinâmica, entre eles os que tinham resultante de movimento igual a zero (a estática).

O conceito de força é comentado também por Descartes (1596-1650), contemporâneo de Galileu, considerando-o uma *qualidade* e não exatamente um ente real. Ao defender o dualismo psicofísico (*rex extensa* e *rex pensante*, corpo e alma), Descartes diz: "nós temos a noção da sua união, a qual depende da força que a alma tem de mover o corpo, e o corpo de agir sobre a alma, causando os sentimentos e as paixões".[22] A noção de força se refere, então, a essa sensação de pressão que sentimos em nosso corpo quando este se movimenta, o que, a princípio, nada informa sobre o movimento

---

[20] Mach 1883, pp. 141-142.
[21] Kuhn 1970, p. 177.
[22] Descartes 1975, carta de 21/05/1643, p. 665.

que um corpo produz ou pode produzir noutro corpo. Descartes marca essa necessidade, para o entendimento, de tomar cada noção em seu domínio particular, indicando o quão indébito é aplicar uma noção de um campo a outro: "quando queremos explicar alguma dificuldade por meio de uma noção que não lhe pertence, não podemos deixar de nos repreender; como também quando queremos explicar uma dessas noções por uma outra; pois, sendo primitivas, cada uma delas não pode ser entendida a não ser por ela mesma".[23]

No caso da noção de força utilizada na física, ocorre justamente a aplicação dessa noção de um campo a outro. Pela experiência sensível – dessa força que faz o corpo se movimentar – supõe-se, sem nenhuma garantia, que, no mundo dos corpos extensos, também existam forças análogas: "nós teríamos confundido a noção de força, com a qual a alma age sobre o corpo, com a que um corpo age sobre um outro".[24] Assim, supõe-se que a gravidade é uma força real, admitida porque os corpos causam certos movimentos específicos uns aos outros, que não são efeito de contato entre as superfícies dos corpos. Mas Descartes alerta: "eu creio que nós usamos mal esta noção, aplicando-lhe à gravidade, que não é nada de realmente distinto do corpo, como deseja a física, mas que ela nos é dada para conceber a maneira como a alma move o corpo".[25] Ou seja, essas forças imaginadas, aplicadas à natureza corpórea, análoga à ação da alma sobre o corpo, "não são qualidades reais como nós a imaginamos".[26]

De acordo com Descartes, a noção de força é usada como uma *maneira de falar* sobre o movimento, tornando-o inteligível intuitivamente, ainda que, para Descartes, seja um erro tomar essa qualidade como uma substância, isto é, como um ente real.

---

[23] Descartes 1975, carta de 21/05/1643, pp. 665-6.

[24] Descartes 1975, carta de 21/05/1643, p. 667.

[25] Descartes 1975, carta de 21/05/1643, p. 667.

[26] Descartes 1975, carta de 28/06/1643, p. 694.

No caminho de elaboração do conceito de força, deve-se também ressaltar os trabalhos de Huyghens (1629-1695), físico holandês que procurou determinar a exata aceleração da gravidade com a ajuda do pêndulo. Ele pode ser tomado como o representante de um elo intermediário, no que diz respeito aos desenvolvimentos dos princípios da dinâmica, ligando Galileu a Newton. Mach é explícito quando comenta que os trabalhos de Huyghens avançam em direção a uma modificação na própria concepção da pesquisa científica: "Os métodos seguido pelos pesquisadores antigos os conduziram quase sempre a encontrar teoremas sob a forma penosa de proporções. Nós [Huyghens] escolhemos então uma outra via. Sobre um móvel animado de uma velocidade v, fizemos agir durante um dado de tempo t uma força que lhe dá uma aceleração a perpendicular à direção de seu movimento".[27]

Isso leva a considerar que a noção de força consistiu num diferencial metodológico fundamental para a reformulação da racionalidade científica própria da física e, portanto, das ciências naturais.

Mach comenta como Newton (1643-1727), dentro desse ponto de vista, introduziu certos "artifícios intelectuais" para a apreensão da natureza física: "Newton trata, então, todas as questões de dinâmica, que têm relação com os corpos se encontrando uns com os outros, com a ajuda dos conceitos de *força, massa* e *quantidade de movimento*".[28] O conceito de força como um "artifício intelectual", diferenciado, pois, dos dados da experiência (os entes "reais" observáveis), faz parte dos alicerces da física moderna. Mach mostra que, com Newton, teremos a aplicação da noção de força – não apenas associando a força ao movimento, mas considerando-a como tendo origem no peso, tração ou pressão – a *todos* os tipos de movimento: "Antes de Newton, a força era somente concebida como uma tração ou uma pressão produzida por um peso e todas as pesquisas mecânicas desta época só se ocupavam dos corpos com peso. Quando, na época de Newton, começa a se generalizar a noção de força, pode-se imediatamente transportar

---

[27] Mach 1883, pp. 159-160.
[28] Mach 1883, pp. 251-252.

para o caso de quaisquer forças todos os teoremas mecânicos estabelecidos anteriormente. Pode-se substituir uma força qualquer pela tração exercida por um peso suspenso por um fio. Nesse sentido, foi possível aplicar o caso geral das forças ao princípio dos deslocamentos virtuais, que havia sido primeiramente enunciado somente para o caso da gravidade".[29]

Newton produzirá, a partir dessas concepções, uma nova síntese, estabelecendo os princípios gerais da dinâmica e mostrando em seu *Philosophix naturalis principia mathematica*, de 1687, os principais progressos que seus estudos representavam sobre os de Galileu e Huyghens, a saber: 1) A generalização do conceito de força; 2) a introdução do conceito de massa; 3) o enunciado preciso e geral do princípio do paralelogramo de forças;[30] e 4) a introdução do princípio de igualdade da ação e da reação. Diz Mach, comentando estes aspectos:

> Sobre o primeiro ponto, falta pouco a acrescentar ao que já dissemos. Newton concebia todas as circunstâncias *determinantes de movimento* – não somente a gravidade, mas também a atração dos planetas, o magnetismo etc.– como *determinantes de aceleração*. Ele diz expressamente que, pelas palavras *atração etc.*, ele não exprime nenhuma opinião sobre a origem ou o caráter desta ação mútua, mas quer simplesmente designar a aparência sensível dos fenômenos do movimento. Newton nos assegura, e ele insiste muitas vezes, que não se ocupa com especulações sobre as causas encobertas dos

---

[29] Mach 1883, pp. 42-43.

[30] Encontramos outro comentário de Mach sobre esse tema, que vale a pena citar: "O teorema do paralelogramo de forças tem a característica de uma coisa indiretamente descoberta quando se chega nele pelo método de Stévin. Ele se apresenta como a conseqüência e a conclusão dos fatos conhecidos. Vê-se somente que *ele existe*, mas não, ainda, *por que* ele existe; quer dizer que não se pode (como em dinâmica) reportar-se a teoremas ainda mais simples. Em estática, é Varignon o primeiro a dar a esse teorema sua verdadeira acepção, depois que a dinâmica, que o traz diretamente, fez progressos suficientes para que se pudessem fazer empréstimos sem dificuldade. O princípio do paralelogramo de forças foi pela primeira vez enunciado claramente por Newton nos seus '*Principia philosophiae naturalis*'. No mesmo ano, e independentemente de Newton, Varignon também o tinha enunciado numa monografia apresentada na Academia de Ciências de Paris, mas que só foi impresso após a morte de seu autor" (Mach 1883, pp. 35-36).

fenômenos, mas unicamente com a pesquisa e a constatação dos fatos; esta direção do pensamento, que ele exprime tão claramente nestas palavras: *hypotheses non fingo*, o mostra como um *filósofo de alto valor* que, no completo domínio de si mesmo, se propõe conhecer a natureza.[31]

A força em Newton não é tomada como uma entidade "real", mas como uma circunstância que gera o movimento e *pode ser medida*. Newton é o responsável pelas formulações que tornam possíveis essa operação: "Isto que hoje em dia, em mecânica, nós chamamos *força* não é um princípio escondido nos fenômenos, mas, ao contrário, é um fato, uma circunstância de movimento que pode ser medida: o produto da massa pela aceleração".[32] Ou seja, dá-se o nome de *força* a um conceito fundamental que nada mais é do que uma *convenção*, que expressa o resultado de determinada relação entre a massa e a aceleração, por meio da qual é possível compreender a determinação recíproca entre os corpos no que diz respeito aos seus movimentos.

Mach tem a esperança de que, no futuro, quando a ciência encontrar uma maneira de compreender o movimento por meio da observação direta da dependência recíproca das posições dos corpos, o conceito de força tornar-se-á supérfluo: "Não é impossível que um dia as *leis integrais* (para empregar uma expressão de C. Neumann) substituam as *leis elementares* que constituem a mecânica atual e que nós possamos ter, assim, um conhecimento direto da dependência recíproca das posições dos corpos. Então o conceito de força terá se tornado supérfluo".[33] É nesse sentido que Mach considera a mecânica de Hertz (1894)[34] como um progresso essencial na direção do abandono da noção de força na física.

---

[31] Mach 1883, p. 193.

[32] Mach 1883, p. 246.

[33] Mach 1883, p. 255.

[34] Cf. Oliveira 2000 para um estudo mais detalhado do modelo da física de Newton e da metafísica da natureza preconizada por Kant. Veja também Sant'Anna e Garcia 1998, um consideração da proposta de Hertz na física.

Ao pensar a física livre de conceitos metafísicos, Mach também se refere ao conceito de átomo como uma *construção auxiliar*,[35] e não como a representação de um fenômeno objetivo, um ente real.[36] Sendo assim, a teoria atômica também deveria ceder seu lugar a uma teoria composta por conceitos objetivos (ou seja, com referentes empíricos objetivamente dados), no futuro, quando a física tivesse se livrado totalmente da metafísica: "Chegaremos então a uma física homogênea, sem fazer apelo ao artifício das teorias atômicas".[37]

No entanto, enquanto tal passo não se completa e o futuro se mostra distante, para Mach, não há vantagem alguma em apenas recusar a noção de força (e, mesmo, a de átomo), devido à impossibilidade de dar-lhe uma referência empírica comprovável, por causa de sua falta de clareza ou precisão, ou, ainda, porque ela é uma projeção analógica antropomórfica da "sensação de pressão" advinda de nossa própria percepção de nossos movimentos. Até que se encontre algo melhor, o cientista continuaria aplicando essa noção, justificada por sua utilidade na resolução de problemas e por seu valor heurístico, ainda que se reconheça seu caráter apenas hipotético, especulativo.

3. Outras referências importantes para a compreensão da noção de força em Freud

As análises da noção de força em Mach têm na filosofia alemã referências significativas. A figura central é Kant, que considera essa noção um *conceito puro da razão*, uma idéia que não tem referente empírico possível, mas cujo referente é outra idéia, cuja finalidade (heurística) é fornecer um ponto de partida para as explicações causais na natureza.

---

[35] Mach 1883, p. 492.

[36] Esta avaliação da noção de átomo o colocará em oposição a uma parte significativa dos físicos, no início do século XX, especialmente em relação a Einstein.

[37] Mach 1883, p. 498.

Para Kant, os físicos, ao procurarem explicar como ocorre o movimento e o equilíbrio na natureza, sempre introduziram concepções abstratas para referir-se ao que deveria ser considerado *causa última* dos movimentos. Ao seguir a série de determinações que possibilitou um movimento específico (A determinou B, que por sua vez foi determinado por C, que foi determinado por D etc., até o infinito), restringindo-se ao campo da observação, não se chega, jamais, a um movimento que não tenha sido causado por outro. Nesse sentido, o cientista postula causas primeiras ou originárias, responsáveis, em última instância, pelos movimentos, nas quais não caberiam mais a pergunta sobre o que determinou ou produziu essas causas; seriam, por assim dizer, *causas incondicionadas*. Nessa busca, Kant comenta que havia, na história da ciência, duas grandes opções: considera-se um ponto de vista mecânico, no qual todo movimento seria explicado pela ação de *átomos* transmitidos de um corpo a outro, causando esses movimentos, ou, então, o ponto de vista dinâmico, que postula *forças* motrizes originárias como causas incondicionadas. Esse ponto de vista dinâmico é, para Kant, o mais eficiente na resolução dos problemas da física, tal como ele reconheceu nas propostas de Newton. Vejamos, ainda, mais alguns dos comentários e concepções de Kant sobre o conceito de *força motriz*.

Kant inicia seu *Prolegômenos*, de 1783, retomando as críticas de Hume (1711-1776) à metafísica e explicitando a noção de força dependente de um conceito metafísico: "Hume partiu essencialmente de um único, mas importante conceito de metafísica, a saber, *a conexão de causa e efeito* (portanto, também os seus conceitos consecutivos de força e ação etc.)".[38] Mesmo assim, ele considerará a força um conceito *necessário*,[39] introduzido pela razão – ou seja, não formado a partir da apreensão e trabalho com os dados empíricos[40] – com a finalidade de servir a uma *idéia* que torna possível o conhecimento das regularidades dos fenômenos.

---

[38] Kant 1783, p. 14; A, p. 8.
[39] Kant 1787, B 672.
[40] Kant 1787, B 673.

Também nos *Prolegômenos*, Kant é claro ao identificar os princípios do entendimento que tornam possível a experiência sensível, incluindo o conceito de força como parte dos conceitos da razão pura *a priori*: "Não só os nossos conceitos de substância, de força, de ação, de realidade etc. são inteiramente independentes da experiência e não contêm nenhum fenômeno dos sentidos, parecendo, pois, de fato, incidir sobre coisas em si (*noumena*), mas contêm em si, o que ainda reforça esta conjectura, uma necessidade de determinação, a que a experiência jamais pode equiparar-se".[41]

Segundo Kant, trata-se de um conceito suposto e não de um ente real, a noção de força é um postulado que expressa uma posição metodológica: a natureza deve ser interpretada em função das forças tomadas como causas dos fenômenos. A referência de Kant ao modelo da mecânica newtoniana significa o reconhecimento de um paradigma científico, que, aliás, será partilhado pela maioria dos cientistas do século XVIII e XIX.

Uma outra referência no campo da filosofia, ainda que não do mesmo peso de Kant, é Schopenhauer (1788-1860), tanto pela importância que ele tem para a própria aplicação da noção de força no campo da psicologia quanto pela referência que Mach faz a ele, identificando-o como quase um homem de ciência: "Pode-se admitir, de bom grado, as idéias de Schopenhauer sobre as relações da força e da vontade, sem nada ver de metafísico numa ou noutra".[42]

A importância de Schopenhauer para Freud já foi comentada em outros lugares.[43] O próprio Freud diz tê-lo lido tarde,[44] mas reconhece ter chegado em posições parecidas: "sem perceber, nós abordamos o porto da filosofia de Schopenhauer".[45] Para este filósofo "todo *Trieb* é uma manifestação da vontade pensada kantianamente como força *noumenal* [à maneira

---

[41] Kant 1783, pp. 92-93; A, p.106.

[42] Mach 1886, p. 82.

[43] Por exemplo, Assoun 1993, pp. 353-60.

[44] Freud 1925d, p. 59. Ver também Freud & Andreas-Salomé 1966a, 01/08/1919, p. 126.

[45] Freud 1920g, p. 49.

de Kant, Schopenhauer usa *Trieb* como sinônimo do galixismo *Instinkt*. As diferenças entre as pulsões e os instintos são indicadas por adjetivos 'animal' e 'humano' ou 'no homem']".[46] Percebe-se que essa posição de Schopenhauer identifica a concepção de força com a de "pulsões básicas", conceitos que remetem ao campo da metafísica em termos kantianos: "as pulsões básicas são incognoscíveis como tais". Esse quadro nos obriga, então, a concluir que Schopenhauer reconhece que o princípio básico denominado *força ou vontade* pertence ao campo da *"Tanscendentale Spekulation"*.[47]

Convém aqui lembrar que Freud não só se coloca ao lado de Mach, concebendo as pulsões (forças psíquicas) como convenções, como também reconhece que existem "profundas concordâncias da psicanálise com a filosofia de Schopenhauer".[48] Essas concordâncias estão também associadas à noção de força. Quando Freud utiliza Schopenhauer para dar aval à sua segunda teoria pulsional (a morte como meta final e a pulsão sexual como vontade de viver), em *Além do princípio do prazer*,[49] também é possível reconhecer a presença do caráter transcendental, especulativo e metafísico das concepções de Schopenhauer: "Freud está citando o texto de Schopenhauer intitulado "transcendentale Spekulation über die anscheinende Absichtlichkeit im Schicksale des Einzelnen" e publicado em *Parega una Paralipomena*, em 1851, construído como uma especulação biológica e metafísica, muito longe, portanto, da ciência empírica pura e dura [...]. É interessante notar que, ao citar essa obra de Schopenhauer, Freud omite a frase "transcendentale Spekulation" do seu título. Talvez Freud quisesse evitar ser acusado de recorrer a um texto violentamente metafísico no momento decisivo em que explicava o novo sentido do seu conceito central de *Trieb* e a sua nova classificação dos *Triebe*".[50]

---

[46] Loparic 1999, p. 125, n. 55.

[47] Veja Loparic (1999), para uma análise da noção de força na filosofia alemã e na obra de Freud.

[48] Freud 1925d, p. 59.

[49] Freud 1920g, p. 49.

[50] Loparic 1999, p. 124, n. 54.

Para terminar essas indicações sobre a história da noção de força, que visa, em última instância, a compreender as posições de Freud, podemos evidenciar uma figura central para Freud e para toda a ciência natural desenvolvida no século XIX: Hermann von Helmholtz (1821-1894). Nele encontramos claramente a compreensão da noção de força como uma *abstração*. Helmholtz comenta como a lei de atração[51] – dois corpos ponderáveis a uma distância finita um do outro sofrem acelerações nas direções um do outro – será reenunciada em função da inclusão de certas abstrações e da substituição dos verbos por substantivos, de maneira tal que "expressamos a lei que entre dois corpos ponderáveis quaisquer [...] age continuamente uma força de atração de determinada magnitude".[52]

Nesse quadro, parece claro que o que era apenas a descrição dos movimentos observados foi substituído pela introdução de uma entidade nova, que não fazia parte do mundo empírico factual. Diz Helmholtz: "Introduzimos, pois, em lugar da simples descrição do fenômeno de movimento, uma abstração – a força de atração. Na verdade, com isso nada mais significamos – ao menos, nada que tenha ainda sentido factual – além daquilo que já está contido na descrição do mero fenômeno. Ao propor a lei nessa forma, que usa o conceito de força, simplesmente asseguramos também que esse fenômeno da aproximação mútua dos dois corpos ocorre – tão logo sejam dadas as condições para isso – a qualquer momento do tempo".[53]

Trata-se, em Helmholtz, de explicitar de que maneira a noção de causalidade está sendo aplicada. Para ele, a função do cientista é verificar quando nossas representações estão de acordo com os fenômenos, o que implica a formulação de leis:

---

[51] Helmholtz: *Einleitung zu den Vorlesungen über theoretische physik* [*Introdução às conferências sobre a Física Teórica*], parágrafos 5 e 6. Conforme nota de Moritz em Helmholtz 1989 [1878], p. 266, n. 68.
[52] Helmholtz 1989 [1878], p. 266, n. 68.
[53] Helmholtz 1989 [1878], p. 266, n. 68.

O primeiro produto da compreensão ponderada dos fenômenos é o conforme leis. Se separarmos a conformidade a leis de modo suficientemente puro, se delimitarmos suas condições com tanta generalidade que o resultado está determinado sem ambigüidade para todos os casos possíveis, obtemos, ao mesmo tempo, a convicção de que ela [a lei] se provou verdadeira e se provará verdadeira em todo tempo e em todos os casos – então, a reconhecemos como uma existência permanente, independente do modo como formamos representações e a chamamos de *a causa*, isto é, o que originariamente permanece e persiste por trás do que se transforma. Em minha opinião, apenas nesse sentido se justifica a aplicação da palavra, embora no linguajar comum ela se aplique, de modo muito deformado, a absolutamente qualquer coisa que atenda ou ocasione outra.[54]

Helmholtz identifica a noção de *lei* com a de *causa*. É nesse sentido, dentro de uma visão antropomórfica, que o curso dos processos naturais é também identificado como impulsionado por algo equivalente à *vontade* no homem: "Na medida em que, então, reconhecemos a lei como algo que se impõe à nossa percepção e ao curso dos processos naturais, como um poder equivalente à nossa vontade, nós a chamamos de *força*".[55]

A referência de Helmholtz a Kant é clara, comentando a importância central e seu acordo com o filósofo no final de seu "Os fatos na percepção" (1878): "Essa seria a resposta dada por nós à seguinte questão: o que é verdadeiro no modo como fazemos representações? Com referência ao que sempre me pareceu ser o progresso mais essencial na filosofia de Kant, estamos ainda sobre o solo de seu sistema. A esse respeito também acentuei em meus estudos anteriores o acordo entre a recente fisiologia e as doutrinas de Kant".[56]

Ainda que esse acordo enunciado por Helmholtz tenha sido já criticado como um *erro*,[57] somos levados a considerar que a posição de Helmholtz,

---

[54] Helmholtz 1989 [1878], p. 266, n. 68.
[55] Helmholtz 1989 [1878], p. 266.
[56] Helmholtz 1989 [1878], p. 270.
[57] "Em oposição a tal afirmação, tornou-se claro em nossos comentários críticos – e, na

no que diz respeito à noção de força, é a mesma de Kant, ou seja: a *força* é um ente intelectual, formulado enquanto uma necessidade metodológica à prática do cientista. De acordo com Helmholtz, a natureza pode ser entendida por meio da noção de força enquanto causa dos fenômenos, ainda que esta, em si mesma, não possa ser percebida e só tenhamos acesso a seus efeitos.[58] Podemos defender que tanto para Kant como para Helmholtz as forças nada mais são do que ficções heurísticas, que recebem, no entanto, um certo (inadequado) conteúdo intuitivo (sensível) e não são totalmente vazias.

A análise de Blum a esse respeito defende que Helmholtz partilha da posição kantiana: "Em nossa opinião, para Helmholtz, do mesmo modo que para Kant, as forças são ficções heurísticas. Pois se Helmholtz define como real (*das Wirkliche*) aquilo que produz efeitos em nossos órgãos dos sentidos e se ele reconhece que as forças em si não podem ser percebidas, somente os seus efeitos, então as forças naturais, como coisas que fundamentam os fenômenos, são apenas alegorias (Helmholtz 1878, p. 132)".[59]

Quando Ernst Brücke, discípulo de Helmholtz, publica com Du Bois-Raymond seu juramento epistemológico, em 1842, defendendo que somente as forças físicas e químicas agem no organismo e que, nos casos em que não é ainda possível encontrá-las, deve-se supor forças análogas, ele está reiterando essa posição metodológica relativa à suposição de forças,

---

verdade, tem sido realçado freqüentemente – que apenas uns poucos traços de acordo filosófico podem ser constatados entre Kant e Helmholtz. A doutrina da subjetividade da intuição espacial e das qualidades dos sentidos, que, reconhecidamente, foi o ponto mais importante para Helmholtz, é propriamente o único aspecto em que ele poderia justa e irrestritamente recorrer a Kant. A explicação para o fato de que o próprio Helmholtz haja acreditado em um acordo mais amplo do que realmente existia está, em parte, em que ele nem sempre compreendeu corretamente a doutrina de Kant, mas, em vez disso, interpretou-a em um sentido demasiadamente psicológico e, em parte, em sua elevada estima por aquele pensador, que fez com que as coisas em comum lhe parecessem mais importantes e as divergências menos essenciais". Cf. nota de Moritz in Helmholtz 1989 [1878], pp. 270-271.

[58] Cf. Helmholtz 1989 [1878].

[59] Blum 1998, p. 68.

segundo a qual os princípios causais são admitidos e tomados como guias para explicar a produção dos fenômenos.

Essa perspectiva para a pesquisa científica é um dos pilares do pensamento de Freud, dado que a sua metapsicologia foi construída a partir das pulsões, forças psíquicas consideráveis *equivalentes em dignidade* às forças de atração e repulsão. Se levarmos isso em consideração, fica mais inteligível sua afirmação na sua autobiografia de 1925: "Em certo sentido eu permaneci fiel à orientação [dada por Brücke] na qual eu primeiramente me engajei".[60] Isso também esclarece por que Freud se sente à vontade para comparar as pulsões com as forças postuladas na física e na química.[61]

A posição de Brücke remete, pois, à figura de Helmholtz, que foi um modelo para a ciência natural no século XIX. A compreensão da posição de Helmholtz pode, pois, fornecer mais um dado significativo para entender em que sentido Freud manteve-se fiel a uma perspectiva de pesquisa científica jamais abandonada, a despeito de certos comentários que afirmam, erroneamente, a revolução feita na ciência após o advento da psicanálise freudiana.

Quando Helmholtz comenta a relação entre os dados do mundo e as representações que podemos fazer desse mundo, seja no campo da ciência seja no da vida cotidiana, ele reconhece que há hipóteses, como a do conceito de força, que tornam possível uma ação adequada do homem sobre os fenômenos, independentemente delas serem falsas ou verdadeiras, isto é, independentemente de terem ou não um referente empírico objetivo:

> Sem dúvida a hipótese realista é a mais simples que podemos construir, tem sido testada e confirmada em esferas de aplicações extraordinariamente amplas, definida nitidamente para toda especificação individual e é, portanto, extraordinariamente útil e fecunda como base para a ação. Mesmo concebendo as coisas de uma maneira idealista, dificilmente saberíamos expressar de outra forma o que é conforme leis [*das Gesetzliche*] em nossas

---

[60] Freud 1925d, p. 8.
[61] Freud 1915c, p. 117; 1940a, p. 195; 1940b, p. 283.

sensações além de dizer: 'Os atos de consciência que ocorrem com o caráter de percepção se dão *como se* realmente existisse o mundo das coisas materiais, aceito pela hipótese realista'.[62] Mas não podemos ir além desse 'como se'. Não podemos reconhecer a opinião realista como sendo mais do que uma hipótese notavelmente útil e precisa. Não nos é permitido atribuir-lhe verdade necessária, uma vez que, além dela, hipóteses idealistas irrefutáveis são também possíveis.[63]

Helmholtz está, portanto, ciente de que muitas hipóteses científicas (entre elas a noção de força) têm esse caráter heurístico irrefutável fazendo com que, nesse sentido, sejam também creditadas como hipóteses metafísicas: "É bom ter isso sempre presente [características das hipóteses realistas e idealistas], para não pretendermos inferir dos fatos mais do que deles se pode inferir. As várias gradações das opiniões idealista e realista são hipóteses metafísicas, que, na medida em que forem reconhecidas como tais, têm completa justificação científica, ainda que possam se tornar nocivas quando se deseja apresentá-las como dogmas ou como supostas necessidades de pensamento".[64]

A posição de Helmholtz quanto à natureza das hipóteses que o cientista propõe para a resolução de seus problemas não escamoteia a relatividade que toda hipótese tem. A sua posição pode nos esclarecer a concepção (hipótese) geral enunciada por Brücke e Dubois-Reymond (*somente as forças físicas e químicas, com exclusão de qualquer outra, agem no organismo*): "A Ciência deve discutir todas as hipóteses admissíveis para manter um panorama completo das tentativas possíveis de explicação. As hipóteses são ainda mais necessárias à ação, porque nem sempre se pode esperar até que uma decisão científica segura tenha sido alcançada, mas se deve decidir por si mesmo,

---

[62] "Nesse caso, a existência do mundo externo teria de ser considerada uma *ficção* – idéia que H. Vaihinger desenvolveu em muitas passagens de seu *Die Philosophie des Als Ob* [*A filosofia do como se*]. A presente passagem de Helmholtz parece ter-lhe escapado, uma vez que não há referência a ela em seu livro. Para o próprio Helmholtz, a visão realista do mundo é, naturalmente, não uma ficção, mas precisamente uma *hipótese*". Nota de Moritz em Helmholtz 1989 [1878], p. 264.

[63] Helmholtz 1989 [1878], pp. 263-4.

[64] Helmholtz 1989 [1878], p. 264.

seja de acordo com a probabilidade ou com o senso estético ou moral. Nesse sentido, nada haveria a objetar mesmo contra as hipóteses metafísicas. Porém, é indigno de um pensador que deseja ser científico esquecer a origem hipotética de suas proposições. A arrogância e a paixão com que tais hipóteses dissimuladas são defendidas são as conseqüências costumeiras do sentimento de insatisfação que seus defensores abrigam nas profundezas da consciência acerca da legitimidade de sua causa".[65]

Para Helmholtz, a noção de força não teria ainda alcançado uma posição científica segura que atestasse, por definitivo, sua realidade experimental, afastando de si toda e qualquer consideração fictícia sobre a sua essência. No entanto, caberia ao desenvolvimento do trabalho do cientista a constante confrontação de suas hipóteses com as suas aplicabilidades efetivas e adequadas, tanto no entendimento quanto na prática ativa de ação sobre os fenômenos. De acordo com ele, as forças não podem ser consideradas apenas "ficções", dentro da postura de uma filosofia do "como se", mas são, sim, hipóteses adequadas, bem-sucedidas na sua aplicabilidade aos fenômenos do mundo, ainda que não se possa afastar da noção de força o rótulo de hipótese metafísica. Segundo Helmholtz, as hipóteses que não têm um sentido factual, "ou que nada determinem de seguro e não ambíguo a respeito dos fatos que caem sob elas, devem ser consideradas apenas frases sem valor".[66] Ou seja, vemos que para esse cientista, a idéia de força não pode ser tomada como um ente real ou ideal, e mesmo como algo imutável e último que subjazeria como fundo causal dos fenômenos: "Toda redução dos fenômenos a substâncias e forças subjacentes afirma ter encontrado algo imutável e final. Uma afirmação incondicional deste tipo é algo para o qual jamais temos justificação: ela é vedada tanto pelo fato de que nosso saber é cheio de lacunas, quanto pela natureza das inferências indutivas sobre as quais repousa, desde os primeiros passos, toda nossa percepção do efetivo".[67]

---

[65] Helmholtz 1989 [1878], p. 264.

[66] Helmholtz 1989 [1878], p. 268.

[67] Helmholtz 1989 [1878], pp. 268-9.

Complementando esse percurso sobre a história da física no que se refere à noção de força, deve-se ainda lembrar a posição de Gustav Kirchhoft (1824-1887),[68] outro representante clássico do ponto de vista empirista, que procurou recolocar a tarefa das ciências naturais. Para Kirchhoft a noção de força, além de ser um conceito de natureza antropomórfica não é lá muito claro, e caberia à ciência procurar alternativas para desembaraçar-se de conceitos desse tipo. Sobre ele, Helmholtz comenta: "Kirchhoft, recentemente, caracterizou a tarefa mais abstrata das Ciências da natureza, a saber, a Mecânica, como a tarefa de *descrever completamente e da maneira mais simples* os movimentos que ocorrem na natureza".[69]

Essa tarefa consistirá, no entanto, numa tentativa de reformulação epistemológica da física, fazendo que esta trate apenas de "estabelecer *quais* são os fenômenos que ocorrem e não de averiguar suas *causas*";[70] para isso seria, então, necessário abandonar esse conceito de força, pouco claro e antropomórfico, o qual transfere para o mundo físico algo como uma "vontade". Essa idéia faria Kirchhoft focar sua atenção no problema central de tal definição, considerando-a contaminada por uma falta de clareza que não pode ser eliminada dos conceitos de causa e de empenho.[71] É justamente essa posição de Kirchhoft, acrescida da crítica e dos problemas que a noção de força representa para a ciência como entidade metafísica, que levará Hertz (1857-1894) à proposição de uma mecânica axiomática, na tentativa de construir uma física sem essa noção.

Mach considera que, ao longo da história, a noção de força mostrou-se de grande utilidade, e não teríamos por que abandoná-la no campo das

---

[68] Físico alemão, fundador da análise espectral (*Pesquisas sobre o espectro solar e sobre os espectros dos elementos químicos*), com importantes trabalhos sobre a eletricidade. Mach o considera (a partir de seu texto *Mecânica das descrições*, de 1874) um passo decisivo na reapresentação racional da mecânica, sendo um dos precursores do projeto que Hertz acabará por desenvolver na construção de uma física axiomática, sem a presença da noção de força.

[69] Helmholtz 1989 [1878], p. 268.

[70] Kirchhoft no prefácio de suas conferências sobre a Mecânica. Cf. nota de Moritz Schlick, feitas em 1921, in Helmholtz 1989, p. 268.

[71] Helmholtz 1989, p. 268.

ciências naturais, o que seria uma atitude que apenas nos colocaria mais próximos da ignorância sobre as relações entre os fenômenos: "Tenta-se em vão rejeitar essa concepção como subjetiva [força como pressão que sentimos em nosso corpo, análoga a um ato de vontade etc.], anímica e não científica; de nada nos serve violentar a maneira natural de pensar que nos é própria e de nos condenar assim a uma voluntária pobreza intelectual. Lembremos ainda que nós reencontramos esta concepção da força na base da dinâmica".[72] Mas, por outro, Mach também reconhece em Hertz a proposta de uma física sem a noção de força, considerando-a como uma possibilidade efetiva de eliminação da metafísica na física, considerando que o livro de Hertz (*Os princípios da mecânica*, de 1894) realiza um progresso essencial na direção de tornar o conceito de força supérfluo, e aconselhando que este livro deve ser lido por todos aqueles interessados nesse problema (que é o de eliminar os aspectos metafísicos da física):

> Hertz propõe considerar, nas suas fórmulas, somente aquilo que pode ser efetivamente *observado*, e, nesse sentido, tendo eliminado o conceito de força, ele se serve apenas dos conceitos de tempo, espaço e massa. O único princípio que ele emprega pode ser concebido como uma combinação da lei de inércia com o princípio de mínimo vínculo de Gauss. Massas livres movem-se uniformemente em linhas retas. Se elas são colocadas em algum tipo de conexão, terão suas trajetórias desviadas do movimento retilíneo, em acordo com o princípio de Gauss, um mínimo possível; seu movimento está mais próximo do movimento *livre* que qualquer outro movimento *concebível*. Hertz afirma que as massas movem-se em resposta a sua conexão com o caminho *retilíneo*. Todo desvio no movimento de uma partícula massiva da uniformidade e retilinearidade deve-se, em seu sistema, não a uma força mas a uma rígida conexão com outras massas. E onde essas massas não são visíveis, ele concebe massas ocultas com movimentos ocultos. Todas as forças físicas são concebidas como o efeito de tais ações. Força, contra-força, energia, em seu sistema, são tão somente conceitos auxiliares e acessórios.[73]

---

[72] Mach 1883, p. 84.
[73] Mach 1883, pp. 550-551.

Retornando à história, pode-se afirmar que o desenvolvimento e a aplicação da noção de força tanto na ciência como na filosofia pode ser rapidamente indicada por um vetor no qual se inclui Galileu (1564-1642), Descartes (1596-1650), Newton (1643-1727), Kant (1724-1804) e, já no século XIX, Helmholtz (1821-1894), Hertz (1857-1894) e Mach (1938-1916). Fiz alguns comentários sobre essas concepções para mostrar a importância dessa noção na constituição da epistemologia das ciências naturais e da psicanálise no final do século XIX. A análise detalhada desses autores em relação a esse tema, inclusive com a comparação de suas diferenças específicas, não é o foco desta análise. Aqui interessa apenas ressaltar os referentes centrais dessa história em função da explicitação das bases epistemológicas que servirão a Freud para a construção da teoria psicanalítica.

4. As forças como um tipo de mitologia para as explicações científicas

Quando Mach supõe uma história do desenvolvimento dos modos do homem pensar ou compreender o mundo e suas relações, ele reconhece a presença de "artifícios intelectuais" enquanto meios de fornecer a explicação sobre qual é o motor (causal) dos movimentos na natureza e no homem. Inicialmente, quando o homem supõe que há almas em todos os existentes e elas seriam as responsáveis por tudo o que acontece, ou seja, quando o homem tem um modo de pensamento animista, esses artifícios não são científicos ou racionais. Depois, já dentro de um modo de pensamento religioso, a causa do que ocorre na natureza é remetida, em última instância, aos deuses ou a Deus. Mais próximo a um modo de pensamento racional, os filósofos da natureza, pré-socráticos, teriam concebido elementos fundamentais (água, átomos etc.) como causas do mundo; Aristóteles, com sua teoria dos quatro elementos, apenas reapresenta, noutros termos, o que seriam as teorias das quatro causas (material, eficiente, formal e final). Com o advento da física moderna e a proposição do ponto de vista dinâmico, o pensamento racional teria encontrado mais um desses "artifícios intelectuais" na figura das forças motrizes básicas de atração e repulsão. Todas essas propostas, no entanto, não encontrariam, no mundo empírico, um objeto (referente) que lhes correspondessem adequadamente; *eles são, portanto, especulativos*. Para Mach, fazem parte de uma certa mitologia aplicada ao entendimento da natureza: "Nós podemos caracterizar com o nome de *mitologia da natureza* esta ciência do início [Grega/Thales, Pitágoras etc.] com seus elementos fantasiosos. Depois a mitologia da natureza, animística e demonológica, se transforma, pouco a pouco, numa mitologia mecânica e automática e, enfim, numa mitologia dinâmica".[74]

Em *Novas lições de introdução à psicanálise*, de 1933, Freud afirma: "A doutrina das pulsões é, por assim dizer, nossa mitologia. As pulsões são seres míticos, grandiosas na sua indeterminação. Nós não podemos, em nosso trabalho, abstraí-las um só instante e, todavia, nunca estamos seguros de as ver distintamente".[75] Também na correspondência com Einstein, da mesma época, encontra-se a afirmação de que a teoria das pulsões pode parecer uma mitologia, ressalvando, em seguida, que também na física as coisas se passam da mesma maneira: "Talvez você tenha a impressão de que nossas teorias são um tipo de mitologia; no caso aqui presente, uma mitologia que não é nem mesmo muito feliz. Mas, toda ciência da natureza não retoma, ela mesma, um tal tipo de mitologia? Acontece hoje de uma maneira diferente para você na física?".[76]

Freud entende que Einstein partilha com ele uma mesma concepção epistemológica, referida à suposição de forças na natureza (física ou psíquica). O elo que os une pode ser identificado na figura intelectual de Ernst Mach, a quem Einstein reconhece como um de seus mestres.[77]

Ao tomar a teoria das pulsões como *sua mitologia*, Freud está usando o mesmo vocabulário de Mach no que diz respeito ao caráter convencional e indeterminável das forças; mais ainda, ele reconhece, nesse conceito fundamental convencional e nesse princípio dinâmico mitológico, guias necessários para a psicologia psicanalítica. O ponto de vista dinâmico e as *pulsões*

---

[74] Mach 1905, p. 77.
[75] Freud 1933a, Lição 32, p. 95.
[76] Freud 1933b, p. 212.
[77] Cf. Holton 1967; 1993.

constituem, assim, a base mítica da doutrina psicanalítica, que serve como princípio metodológico *a priori* para "descrever os fenômenos, que são em seguida agrupados, ordenados e integrados em conjuntos",[78] e explicar as relações de determinação entre eles, contribuindo para alcançar uma série de determinações sem lacunas sobre essas relações recíprocas. Mais ainda, reconhecendo as pulsões como ideias abstratas fundamentais, convenções indispensáveis para a sua psicologia, Freud procura fornecer conteúdos empíricos a este conceito, procurando preencher o seu conteúdo por uma série de analogias (tal como vemos no decorrer do seu texto sobre as pulsões e suas vicissitudes).[79]

---

[78] Freud 1915c, p. 117.

[79] Freud parece estar seguindo a exigência kantiana que considera que intiuições sem conceitos não correspondem a nenhum conhecimento, enquanto que conceitos sem intuições são vazios e, portanto, não utlizáveis para o conhecimento científico. Kant 1783, B 75.

Capítulo 4

O horizonte da ciência

1. Mach e o ponto de vista heurístico na ciência

Do ponto de vista de Mach, conceitos como os de força, massa, quantidade de movimento etc. são "fantasias", ou seja, não podem ser tomados como as "coisas", mas como um elo intelectual que permite entender as relações entre os fenômenos da natureza. Esse elo seria também um conjunto de relações não-observável, obscuro na sua determinação, que deveria, com o desenvolvimento da ciência, ser substituído por conceitos passíveis de observação direta.

No trabalho de pesquisa, o cientista enfrenta o problema de estabelecer quais são as relações de determinação recíproca entre os fenômenos e, quando essas relações não são diretamente dadas pela observação, ele tem o direito de completar as lacunas de seu entendimento com hipóteses ou construções auxiliares. Estas podem servir-lhe de diversas maneiras, seja na própria descrição, organização e agrupamento dos fenômenos que ele procura compreender, seja na formulação dos problemas que deverá resolver, ou, ainda, na orientação-guia sobre que tipo de relações ele precisa buscar ao tentar entender a dependência mútua entre os fenômenos. Nem sempre as hipóteses ou construções auxiliares assim propostas têm a possibilidade de receber um referente empírico, ou seja, muitas delas são claramente especulativas.

Para Mach, tudo o que for especulativo deverá um dia ser substituído por conceitos ou dados empíricos. No entanto, dado certo problema ou conjunto de problemas impossíveis de solução só com os elementos empíricos, o cientista pode propor soluções especulativas em caráter de ajuda provisória para que, com o desenvolvimento da própria ciência, elas possam ser abandonadas. Essas soluções especulativas são justamente os "artifícios intelectuais" que já analisamos. Eles servem para descobrir relações empíricas objetivas entre determinados fenômenos; são os meios para essa descoberta, ou seja, são instrumentos heurísticos. A questão do valor a ser dado a esses "artifícios" (conceitos, hipóteses, construções auxiliares, modelos etc.) não é mais referido à sua verdade ou falsidade, pois não é a isso que respondem, mas à eficiência ou inutilidade para chegar a descobertas; dizendo de outra forma, eles não podem ser julgados ou valorados objetivamente, só heuristicamente.

Se na natureza nós temos os dados observáveis R $(r_1, r_2, r_3, ... r_n)$, P $(p_1, p_2, p_3, ... p_n)$, T $(t_1, t_2, t_3, ... t_n)$ etc., mas, no seu trabalho de observação direta, o cientista não encontra o elo que possibilita entender a relação recíproca entre R, P e T, ele pode supor um outro conjunto de relações S $(s_1, s_2, s_3, ... s_n)$ que serve como uma explicação das conexões funcionais entre R, P e T, ainda que S não possa ser observável diretamente e seja uma convenção, um constructo da razão. Esse conjunto de relações S pode ser caracterizado como expressão de uma proposição heurística.

Quando Mach critica a noção de átomo, apresenta a noção de força como uma convenção, afirma o ponto de vista dinâmico como uma mitologia etc., ele não está dizendo que tudo isso deva ser abandonado, mas sim que não se deve procurar nesses conceitos aquilo que não é possível encontrar neles, isto é, não é possível considerá-los entidades empíricas. Além disso, segundo Mach, o mundo tal como ele é – o real independente da apreensão do homem – é incognoscível; para ele, o mundo, externo ou interno, nada mais seria do que um conjunto de sensações. Assim, admitir (e mesmo considerar) o uso de elementos especulativos como provisoriamente necessários para entender o mundo faz com que Mach comungue do ponto de vista heurístico para a prática científica.

Mas, o que isso significa exatamente? Trata-se de conceber o cientista como um solucionador de problemas – que Mach formula determinado por seus instrumentos (teóricos e técnicos) – e não como aquele que tem a tarefa de fornecer uma concepção que seja uma representação objetiva da realidade.

2. Natureza e *télos* das teorias científicas

Já mostrei que, para Mach, a ciência se produz em dois grandes eixos: o que procura a adaptação dos fatos às suas representações (que consiste na prática da *observação*) e o que adapta essas representações entre si na construção de um sistema geral que organiza e completa o que foi aprendido pela experiência (a produção de *teoria*). Convém, agora, nos dedicarmos à compreensão do que são as teorias científicas para Mach: a natureza, os objetivos, bem como os operadores utilizados na sua construção.

Mas, no que consiste exatamente uma teoria, quais são seus componentes básicos, sempre encontrados? Mach não se aprofundou nesse tipo de problema, ainda que lhe faça algumas referências. Antes, no entanto, de analisar os comentários de Mach, podemos recorrer a um ou outro apontamento de epistemólogos clássicos do século XX, com os quais suponho que Mach estaria totalmente de acordo na formulação das teorias científicas. Ao me apoiar nas concepções de Nagel e Hempel não pretendo, no entanto, creditar a Mach o que não lhe pertence, apenas organizar e esclarecer as suas posições.

Para Nagel (1959), toda teoria científica é composta pelos seguintes elementos gerais: "1. um conjunto abstrato de postulados que define implicitamente os termos básicos da teoria; 2. um modelo ou interpretação dos postulados; 3. regras de correspondência [entre a teoria e seus referentes] para os termos dos postulados ou teoremas que derivam deles".[1]

Hempel (1970) diz que é necessário que os fenômenos tenham sido já observados, apreendidos e agrupados em conjuntos para que uma teoria

---

[1] Nagel 1978 [1959], p. 109.

possa ser proposta; dizendo de outra maneira, os fenômenos devem compor grupos que mostrem uma série de uniformidades. A teoria aprofunda aquilo que a observação forneceu, fazendo ver os processos que comandam as relações entre os dados observados. Para esse autor: "Uma teoria [científica] é usualmente introduzida quando um estudo prévio de uma classe de fenômenos revelou um sistema de uniformidades que podem ser expressas em forma de leis empíricas. A teoria procura então explicitar essas regularidades e, em geral, proporcionar uma compreensão mais profunda e mais apurada dos fenômenos em questão. Com este fim, interpreta os fenômenos como manifestações de entidades e de processos que estão, por assim dizer, por trás ou por baixo deles e que são governados por leis teóricas características, ou princípios teóricos, que permitem explicar as uniformidades empíricas previamente descobertas e, quase sempre, prever "novas" regularidades".[2]

Todo conhecimento científico tem necessidade de certos princípios que são a base a partir da qual uma observação pode ser feita. Esses princípios ou postulados não são fornecidos imediatamente pela experiência sensível, pelo contrário, são os *a priori* a partir dos quais a infinidade de variáveis, relações etc. são reduzidas para que um determinado aspecto seja evidenciado como preponderante, explicando os fenômenos e suas determinações. Esses princípios são condições conceituais necessárias que o cientista estabelece para tornar possível a observação, como exemplifica Mach: "precisamente os princípios mecânicos em aparência os mais simples são de uma natureza muito complicada; eles repousam sobre experiências não realizadas ou mesmo irrealizáveis; são, na verdade, suficientemente estabelecidos de um ponto de vista prático para servir de base à dedução matemática, sendo dado a estabilidade suficiente de nosso meio; eles não podem, de maneira alguma, ser considerados neles mesmos como verdades matematicamente demonstradas, mas, ao contrário, [podem ser considerados] como proposições que não somente admitem, mas, ainda, reclamam o controle perpétuo da experiência".[3]

---

[2] Hempel 1970, p. 92.
[3] Mach 1883, p. 237-238.

Eles constituem os fundamentos primeiros e últimos que regem a natureza. Primeiros porque são colocados como hipóteses *a priori* e depois aplicados à própria percepção e experimentação, e últimos porque o próprio desenvolvimento da pesquisa desemboca no questionamento sobre o que são esses elementos. Assim, o cientista paradoxalmente encontra as explicações sobre as relações entre os fenômenos, propondo, para isso, certos fundamentos que já explicariam essas relações.

Em Freud encontramos a mesma posição, quando ele apresenta as pulsões como um conceito fundamental convencional, necessário para a apreensão e elaboração inteligível dos fatos. Para ele, esse conceito antecede a própria observação, de maneira que o material da experiência é, na verdade, a ele submetido: "O verdadeiro início da atividade científica consiste antes na descrição dos fatos, que são, em seguida, agrupados, ordenados e integrados em conjuntos. Já na descrição, não se pode evitar aplicar ao material certas idéias abstratas que pegamos aqui e ali, certamente não só da experiência nova. Tais idéias – que, depois, tornar-se-ão os conceitos fundamentais da ciência – são ainda mais indispensáveis na elaboração futura do material. Elas comportam, no início, um certo grau de indeterminação; e não está em questão discernir claramente seu conteúdo. Enquanto permanecem nesse estado, chegamos a um acordo sobre seu significado, reenviando-as repetidamente ao material da experiência, do qual elas parecerem ter provindo, mas que, na realidade, é submisso a elas. Com todo rigor, elas têm, então, o caráter de convenções [...]".[4]

Esses princípios não são a teoria, mas a sua condição necessária. A partir deles é possível estabelecer a relação entre os elementos da realidade empírica. Mas essa relação não é por si mesma evidente; ela também deve ser regida por outros princípios que regram a maneira como se faz a ponte entre as idéias básicas e os fatos, estabelecendo que, como diz Nagel, "tudo o que constitui uma teoria esteja vinculado com alguma idéia experimental mediante uma *regra de correspondência*".[5]

---

[4] Freud 1915c, p. 117. Cf. também Freud 1940b, p. 283.
[5] Nagel 1978 [1959], p. 105.

Na formulação de uma teoria, leva-se em conta tanto os princípios fundamentais como as regras que tornam possível estabelecer a conexão entre esses princípios e os dados empíricos. Hempel nos diz:

> Podemos dizer, em linhas gerais, que a formulação de uma teoria pedirá a especificação de dois tipos de princípios que chamaremos abreviadamente de princípios internos e princípios de transposição. Os primeiros caracterizarão as entidades e os processos básicos invocados pela teoria, assim como as leis a que supostamente obedecem. Os últimos indicarão como esses processos estão relacionados aos fenômenos empíricos, com que já estamos familiarizados, e que a teoria pode então explicar, predizer ou retrodizer. [É assim que, por exemplo, na] teoria cinética dos gases, os princípios internos são os que caracterizam os "microfenômenos" em nível molecular [as moléculas, suas massas, suas quantidade de movimento e suas energias, que não são observáveis ou medidas diretamente] e os princípios de transposição são os que ligam certos aspectos dos microfenômenos a correspondentes feições "macroscópicas" de um gás [por exemplo, sua pressão, sua temperatura etc.].[6]

De acordo com Mach, o objetivo das teorias e do conhecimento científico é fornecer ao homem um saber que o torne mais ágil na sua ação perante o mundo; o "princípio da economia", que rege o conhecimento, é uma regra pragmática, não apenas teórica. A função da teoria é representar, de forma econômica, a realidade para o homem: "Todo progresso tende a moldar mais estreitamente a teoria sobre a realidade".[7] No entanto, nenhuma teoria científica se coloca à imagem da realidade, muito pelo contrário. Mach sabe que as teorias se apresentam como meios a serem aplicados ao mundo fenomênico, buscando sua explicação e seu controle. A teoria procura uma adaptação melhor das representações à realidade, sem que sejam confundidos os fatos com suas representações. A teoria científica não é uma imagem do mundo, mas um meio que busca uma ação sobre a realidade e os problemas que ela apresenta direta ou indiretamente.

---

[6] Hempel 1970, p. 95.

[7] Mach 1905, p. 356.

Assim, mesmo as teorias muito precárias e imprecisas, por vezes teorias que se mostrarão no futuro falsas, teriam sua validade, pois contribuiriam para essa adaptação, uma vez que elas tornariam possível a verificação de sua eficiência. As teorias tornam possível realizar experiências que, por sua vez reformulam estas teorias para formulações mais adequadas, num método de aproximação contínua da verdade, quer dizer, da descrição fidedigna dos fatos e suas relações de determinação recíproca.

A teoria tem para Mach dois sentidos distintos. Primeiro, é uma formulação que permite uma descrição dos fatos, isto é, ela é uma regra geral que torna possível a resolução de determinados tipos de problemas. Os fatos empíricos são apreendidos não neles mesmos, como já salientamos, mas em função dos instrumentos de pesquisa (teóricos e técnicos) que o cientista possui; por isso, aqui podemos tomar como sinônimos os fatos e os problemas. Nesse sentido, as teorias proporcionam uma representação adequada de um determinado conjunto de dados empíricos ou de problemas empíricos: "uma teoria é um aparato de resolução de problemas aplicável a uma classe infinita de questões. As questões consideradas são questões do tipo "sim ou não?", ou questões do tipo "Qual é?", relativas a todos os fatos de um domínio empírico homogêneo, tal como o domínio de todos os fatos dinâmicos possíveis ou o domínio de todos os fatos possíveis de condução de calor. [...] Mach chama tais teorias de "descrições" diretas e acabadas de fatos (de um domínio). A despeito dessa denominação, as teorias nesse sentido não são logicamente equivalentes a conjuntos de descrições explícitas de fatos singulares. Elas são, antes, regras gerais para produzir todas as descrições teoricamente possíveis, as quais, é claro, são infinitas em número. O objetivo final da pesquisa científica é o estabelecimento de teorias deste tipo".[8]

Num segundo sentido, a teoria é apenas uma construção auxiliar provisória; ela serviria como um elo intermediário para chegar, no futuro, à *ciência final*. Essa teoria pode ser expressa como um modelo, uma analogia, um conceito especulativo, uma convenção etc., que, mesmo não correspon-

---

[8] Loparic 1984, pp. 44-5.

dendo a uma descrição acabada dos fatos – pois não encontra a possibilidade, momentânea ou definitiva, de receber um referente empírico –, é útil para a resolução dos problemas de um determinado domínio de pesquisa. A característica principal deste tipo de teoria ou teorização é o fato de que ela, como uma construção auxiliar, tal como o andaime de um edifício, deve ser útil para descobrir a ligação (determinação recíproca) entre os fenômenos, ainda que ela mesma não seja ou não possa ser uma descrição dos fatos e suas relações.

Teríamos, assim, uma ciência provisória, que tem validade apenas heurística, e outra que teria alcançado a representação adequada dos fatos empíricos. Noutros termos, disporíamos de uma ciência em estado de vir a ser e outra final: "Mach distingue, assim, entre ciência como resultado e a ciência vindo a ser, *in statu nascendi*. A ciência como resultado é, de fato, ou ao menos se pretende que ela seja, uma coleção de algoritmos que estão à mão para resolver problemas acerca de questões de fato. A ciência vindo a ser é essencialmente uma coleção de métodos heurísticos baseados na analogia e aplicáveis na busca de algoritmos".[9]

No entanto, a idéia de uma ciência final parece ser um *télos* impossível – "Sempre será bom esperar que possam vir a intervir condições ainda desconhecidas, que nos escaparam até o presente"[10] –, mas a ser mantido como o horizonte que dirige o proceder do cientista. Ou seja, a ciência com a qual lidamos é a do *vir a ser*.

3. Síntese das ciências e *Weltanschauung* científica

Qual sentido dar, no entanto, a uma *ciência final*, no que diz respeito a uma síntese possível de todas as disciplinas científicas? Tanto em Mach como em Freud, encontramos o mesmo tipo de postura diante dessa questão. Para eles, cada disciplina científica mantém-se delimitada por um domínio de fatos restritos, mais ainda, mesmo nesse domínio, a apreensão

---

[9] Loparic 1984, p. 45.
[10] Mach 1905, p. 354.

dos fenômenos é ditada por métodos e princípios específicos. Já vimos que isso implica a incompletude como característica imanente das teorias científicas. Assim, não há ciência que possa se apresentar como uma visão de mundo (*Weltanschauung*). Por visão de mundo entenda-se, como diz Freud: "*Weltanschauung* é, creio, um conceito especificamente alemão, cuja tradução em línguas estrangeiras pode suscitar dificuldades. Se eu tento uma definição, ela lhes parecerá certamente desajeitada. Eu estimo que uma visão de mundo é uma construção intelectual que resolve de maneira unitária todos os problemas de nossa existência a partir de uma hipótese subsumida, na qual, por conseqüência, nenhuma questão resta aberta, e tudo o que retém nosso interesse encontra seu lugar determinado. É fácil compreender que a posse de uma tal visão do mundo é um dos desejos ideais dos homens".[11]

Se for possível falar numa visão de mundo científica, é apenas num sentido muito amplo, que designa as características gerais que diferenciam as ciências de outras formas de conhecer. Ao identificar a posição da filosofia – diga-se, de algumas filosofias –fornecendo uma *Weltanschauung* e a delimitação da ciência oferecendo *apenas* um entendimento de um determinado conjunto de problemas específicos, Mach também analisa a questão da contribuição que uma disciplina do conhecimento pode fazer a outras.

Para ele, a filosofia é uma fonte de princípios e de novas vias para o desenvolvimento das pesquisas científicas. A visita que o cientista realiza não só à filosofia, mas também a outras disciplinas, é mesmo aconselhada por Mach.[12] No entanto, ele ressalta que essa visita do cientista – um *coup d'oeil* noutras disciplinas – deve ser rápida e prudente. Ele defende que o homem de ciência especializado deve alimentar-se de outros campos do saber para que, dentro de seu sistema e sua especialidade, possa desenvolver seu próprio campo. Não se trata de fazer importações ou exportações de conceitos, prática impossível já que cada disciplina tem seu conjunto de referentes específicos que não se sobrepõem, mas de "procurar, para cada conceito

---

[11] Freud 1933a, Lição 35, p. 158.
[12] Mach 1905, p. XXXII.

de um ramo, o conceito correspondente, noutro ramo".[13] Uma disciplina pode, assim, incitar noutra o desenvolvimento de novos conceitos, mas não teria a possibilidade epistemológica de fornecê-los de uma maneira direta, ou seja, não haveria aplicabilidade dos conceitos entre as disciplinas, muito menos aplicabilidade direta dos conceitos filosóficos à prática científica.

Segundo Mach, as disciplinas científicas realizam delimitações que são, em última instância, arbitrárias, dedicando-se, cada uma, a um tipo de apresentação do mundo: "Mas, em vista deste fim atual que o cientista propõe a cada instante, é sempre de uma maneira arbitrária e brutal que o homem separa os fatos uns dos outros, e os limites do domínio oferecido a cada especialista se encontram cada vez mais recuados pelo progresso da pesquisa científica. Todo especialista percebe finalmente que os resultados obtidos nos outros ramos da ciência, pelos outros homens de ciência, devem contribuir para orientá-lo na sua especialidade. É a fusão das especialidades que levará a uma *concepção do mundo*, em direção à qual tendem todos os especialistas".[14]

Mach considera que, ao longo do tempo, os saberes específicos poderão se agrupar formulando sínteses. Para ele, o objetivo último, a única tarefa da ciência, é a "pesquisa da ligação, da articulação, a dependência mútua dos elementos [unidades de apreensão do mundo] *idênticos em todos os domínios*".[15] Procura-se compreensões (*descrições teóricas*, dado que a teoria nada mais é do que uma descrição condensada) cada vez maiores e mais eficientes no entendimento da natureza ou, ainda, desfazer problemas mal enunciados, desvendando-lhes a impropriedade. Nessa busca cada ciência estabelece um contato com os outros saberes, num movimento constante de agregação e desarticulação:

> Freqüentemente os domínios científicos distintos se desenvolvem durante um longo tempo lado a lado, sem se influenciar mutuamente.

---

[13] Mach 1883, p. 497.
[14] Mach 1905, pp. 2-3.
[15] Mach 1886, p. 312.

Se percebemos que as teorias de um deles jogam um sobre outro esclarecimentos inesperados, eles podem, nesta ocasião, entrar em contato. Observa-se nesses casos que o segundo domínio tem a tendência de se deixar absorver pelo primeiro. Nessa fase de otimismo confiante, porque se subestima as relações presumidas que permitem tudo iluminar, não tarda suceder um período de desilusão em que se separam novamente os dois domínios, cada um recomeçando a perseguir seus objetivos próprios, pondo suas questões particulares e aplicando seus métodos característicos. Todo contato intermitente desse tipo deixa atrás de si traços duráveis. Outra relação ocasional entre dois domínios inaugura uma metamorfose dos conceitos, tornados pouco precisos e aplicáveis bem além de seu domínio de origem.[16]

Se uma síntese é possível, é porque os campos científicos podem ser aproximados, mas essa aproximação não é direta. Os conceitos de uma disciplina não correspondem diretamente aos conceitos utilizáveis em outra; será necessário fazer um trabalho de reelaboração conceitual para que esse contato possa ser frutífero, ainda que Mach aconselhe, de forma positiva, a procura de "idéias" ou conceitos" de uma disciplina em outra, mas considerando que isso deve ser realizado com cautela.

Freud se coloca na mesma perspectiva que Mach, no que diz respeito às incitações que uma disciplina pode fazer a outra, desde que cada uma se mantenha em seu próprio campo. É o que lemos, por exemplo, em *Totem e tabu*, quando Freud aproxima a psicanálise da antropologia: "É uma falha necessária dos trabalhos que tentam aplicar os pontos de vista da psicanálise aos temas das ciências do espírito a de oferecer tão pouco dos dois ao leitor. Assim se restringem a ter um caráter de incitação; eles fazem ao especialista proposições que ele deverá tomar em consideração no seu trabalho".[17]

Numa introdução a esse texto, escrita em 1912, mas substituída posteriormente, também encontramos o mesmo tipo de consideração, versando

---

[16] Mach 1886, p. 83.
[17] Freud 1912-13, p. 75.

sobre o tipo de contribuição que a psicanálise (uma ciência) pode fazer a outras ciências:

> Será vão esperar que os pesquisadores em matéria de mitos, os psicólogos da religião, os etnólogos, lingüistas etc. apliquem a seu próprio material os modos de pensar psicanalíticos. Os primeiros passos em todas essas direções devem absolutamente ser feitos por aqueles que até o presente, enquanto psiquiatras ou pesquisadores em matéria de sonhos, fizeram sua a técnica psicanalítica e seus resultados. Mas, noutros domínios do saber, eles são, em primeiro lugar, nada mais que leigos e, quando eles adquiriram a duras penas alguns conhecimentos, [são] diletantes ou, no melhor dos casos, autodidatas. Suas realizações não poderão evitar nem as fraquezas nem as faltas que o pesquisador do *métier*, o especialista, que domina o material e está acostumado a manuseá-lo, descobrirá facilmente e seguirá talvez de sua ironia e superioridade. Possa ele tomar em consideração que nossos trabalhos não têm certamente outro fim que de lhe trazer a incitação para fazer melhor ele mesmo, experimentando, sobre o material que lhe é familiar, o instrumento que nós podemos lhe emprestar![18]

No sentido inverso, pensando nas contribuições que outras disciplinas podem dar à psicanálise, esta também se aproveita de concepções advindas de outras ciências para elaborar e pensar seus próprios conceitos. Por vezes, isto se torna até mesmo uma necessidade: "Ainda que o trabalho psicanalítico tenda habitualmente a desenvolver suas doutrinas tão independentemente quanto possível das de outras disciplinas, ela se vê – apesar disso – obrigada, pela doutrina das pulsões, a procurar na biologia um apoio".[19] Mas isso não significa, por exemplo, que as pulsões, na psicanálise, correspondam a um conceito da biologia. Freud defende que a psicanálise deve se manter em seu próprio campo, com seus objetos, métodos e problemas,

---

[18] Freud 1912, OCF.P, p. 384. Na edição francesa (OCF.P) encontramos um anexo, com 5 parágrafos, ao final de *Totem e tabú*, que não está na SE. Esse material, publicado em março de 1912, na Revista *Imago*, como uma introdução à primeira parte de *Totem e tabú*, foi substituído pelo Prefácio deste livro de Freud (escrito em setembro de 1913), e só foi republicados em 1987, no *Nachtragsband* das *Gesammelte Werke*.

[19] Freud 1923a, pp. 258-9.

sem misturar-se ou confundir-se com o ponto de vista biológico ou qualquer outro. Freud escreve a Jung, comentando uma das sessões da Sociedade Psicanalítica de Viena: "O que me parece mais sujeito à reflexão é que a Spielrein quer subordinar o material psicológico a pontos de vista *biológicos*; esta dependência deve ser rejeitada tanto quanto a dependência filosófica, fisiológica ou da anatomia do cérebro. Ψ*A farà per sè*". [20]

Também no seu texto de 1913, *O interesse científico da psicanálise*, Freud indica em que sentido os conhecimentos desenvolvidos pela psicanálise podem contribuir para as pesquisas noutras disciplinas, tais como as ciências da linguagem, a filosofia, a biologia, a história, a sociologia, a pedagogia etc. Isso não significa que seja possível importar e exportar conceitos específicos, aplicando-os diretamente de uma disciplina a outra. Eles têm o caráter de incitações que um campo pode fazer a outro. Freud escreve esse texto para um público de *savants* interessados na "síntese das ciências".[21]

A questão aqui é saber o que significa essa *síntese*. Freud concorda com Mach quanto à compreensão da ciência como uma prática que tem um domínio restrito de problemas, ou seja, seu conhecimento só pode receber a qualificação de universal dentro de um universo limitado: "Enquanto ciência especializada, ramo da psicologia – psicologia das profundezas ou psicologia do inconsciente –, ela é absolutamente imprópria para formar uma visão de mundo que lhe seja própria, é-lhe necessário admitir aquela da ciência".[22]

Mas o que é uma visão de mundo científica? Ele merece ser considerada como uma *Weltanschauung*? De modo algum. A visão de mundo científica corresponde apenas a um conjunto de princípios muito gerais e não fornecem um entendimento ou a solução dos problemas com os quais os homens se deparam, seja na sua vida cotidiana seja na produção do conhecimento de uma maneira mais ampla. Freud comenta que essa discrepância

---

[20] Freud e Jung 1992, 30/11/1911, p. 589.
[21] Freud 1913j, p. 165.
[22] Freud 1933a, Lição 35, p. 158.

entre a definição do que é uma visão de mundo e o que pode oferecer o ponto de vista da ciência em seus termos gerais: "a visão de mundo científica se distancia já notavelmente de nossa definição. A natureza unitária da explicação do mundo é, a bem dizer, igualmente admitida por ela, mas somente enquanto um programa, cuja realização se encontra deslocada para o futuro. Afora isso, ela se distingue por seus caracteres negativos, pela restrição ao que se pode atualmente saber e pela recusa definitiva de certos elementos que lhe são estrangeiros. Ela afirma que não há outra fonte para o conhecimento do mundo que a elaboração intelectual de observações cuidadosamente verificadas, logo o que se chama a pesquisa, sem que haja, por outro lado, conhecimentos por revelação, intuição ou adivinhação".[23]

Freud não considera, pois, como possível, a integração de todos os conhecimentos científicos, produzindo uma síntese que se apresente resolvendo todos os problemas, nem mesmo enquanto um ideal. A visão de mundo que a ciência apresenta enquanto um programa é muito mais uma carta de princípios do que o ideal (de uma composição unitária das teorias).

Pode-se, aqui, lembrar a posição epistemológica contemporânea defendida por Thomas Kuhn (1922-1996), mostrando que as disciplinas científicas (seus paradigmas) oferecem concepções de mundo não só diferentes, mas incomensuráveis, como se cada disciplina do conhecimento falasse de um mundo próprio, estrangeiro aos outros. Portanto, mesmo que as sínteses sejam possíveis dentro de um determinado quadro de problemas, a síntese dos paradigmas, para a resolução de todos os problemas em todos os seus aspectos, não é nem mesmo uma utopia, e sim uma ilusão impossível de ser concretizada. Se, ainda assim, é possível falar em uma *Weltanschauung* científica, é só enquanto um quadro geral de princípios que distingue a ciência de outras formas de conhecimento.

---

[23] Freud 1933a, Lição 35, p. 158.

4. Freud como signatário de um positivismo heurístico

Em 1912, vem a público um documento intitulado: "Convocação para a fundação de uma 'Sociedade para a Filosofia Positivista'",[24] correspondendo a uma discussão, em voga no cenário científico da época, sobre a natureza das "visões de mundo" na prática científica. Constam, como assinantes, um número expressivo das autoridades intelectuais do começo do século passado, entre eles: Ernest Mach, Sigmund Freud, Albert Einstein, David Hilbert, Félix Klein[25], George Helm[26], Jacques Loeb[27], entre outros.[28]

Seu conteúdo é um tanto quanto vago, genérico, e seu entendimento – bem como do que significa a presença de Freud como um dos signatários – depende da diferença de opinião entre Ernest Mach e Max Planck[29]

---

[24] Publicado num importante periódico científico (*Pysikalische Zeitschrift*) e, simultaneamente, num dos primeiros periódicos psicanalíticos (*Zentralblatt fuer Psychoanalyse*, vol. 3, 1912-1913, p. 56. Keith Davies, do Museu Freud, forneceu-me a informação sobre a publicação nesse periódico de psicanálise). Esse documento é pouco conhecido e raramente mencionado. Gerald Holton (1967, p. 102, n. 1; 1993, pp. 12-4; 1998, p. 207-8) e Friedrich Herneck (1958) fazem-lhe algumas referências e comentários. Este documento está publicado na revista *Natureza Humana*, acrescido de alguns comentários meus (cf. Fulgencio 2000).

[25] Hilbert e Klein eram dois dos mais importantes matemáticos do começo do século.

[26] Helm era físico, com importantes trabalhos sobre energia. Será a partir de seus trabalhos que Wilhem Ostwald, prêmio Nobel da química em 1909, desenvolverá suas concepções energéticas.

[27] Como comenta Holton, Loeb foi o mais fanático fisicalista intérprete do comportamento animal. Contribuiu com importantes estudos sobre a partenogênese artificial e o tropismo (cf. Holton 1993, pp. 11-2).

[28] Publiquei este documento, comentando os aspectos gerais da discussão em jogo, bem como a presença de Freud como signatário, na Revista *Natureza Humana*, vol. II, n. 2, 2000.

[29] Max Planck (1858-1947), formulador da teoria dos *quanta* (desenvolvida, posteriormente, por Einstein), foi o ponto de partida para a teoria de Bohr sobre a estrutura do átomo (1913). As idéias de Planck, retomadas por Max Bohr e de Werner Heisenberg, propiciaram a formulação do conceito de "*quantum* de energia", que influenciou todos os domínios da física moderna. Em 1918, Planck recebeu o prêmio Nobel da física em função do conjunto de sua obra.

sobre a natureza das teorias científicas. O que estava sendo discutido nesse enfrentamento era a questão do valor a ser dado a certos conceitos no que diz respeito à realidade empírica ou à natureza apenas instrumental desses.

De um lado ficava Mach, defensor de um ponto de vista heurístico, que reconhece na ciência o uso de determinadas convenções como úteis no desenvolvimento da pesquisa, ou seja, convenientes para que sejam encontradas relações entre os fenômenos, ainda que eles mesmos não tenham um referente objetivo na realidade sensível. Como já mostrei, para Mach, termos como *átomo*, *força*, *massa* etc. são meras convenções para que seja possível observar e descrever os fenômenos: um modelo para a descrição dos fatos. Ele chega até a perguntar, com ironia, para aqueles que defendiam a realidade empírica do conceito de átomo: "Vocês já viram um só destes?".[30] Mach considera que esses conceitos são frutos da fantasia do cientista, mas que isso é necessário: "Estas excrescências da imaginação lutam pela existência, sobrepujando-se entre si. Inúmeras dessas florações da fantasia, devem, tendo em vista os fatos, serem destruídas pela crítica implacável, antes que alguma se desenvolva ainda mais e ganhe alguma permanência. Para avaliar isso, considere que o objetivo [da teorização científica] é reduzir os processos naturais a seus elementos conceituais mais simples. Mas antes que possamos entender a natureza [dessa maneira] devemos buscar esse objetivo com a ajuda da fantasia, a fim de dar a estes conceitos um conteúdo intuitivo [sensório] vivo".[31]

Essas fantasias seriam, no seu ponto de vista, só momentaneamente necessárias; mais tarde, com o desenvolvimento da ciência, esperava ser possível compreender as relações de dependência entre os fenômenos sem utilizá-las. É, ao menos, isso que ele considerava ter sido iniciado com as propostas de Hertz, visando um amadurecimento da ciência, no qual o conceito de força seria, então, tornado desnecessário ou supérfluo.

---

[30] Cf. Holton 1998, p. 108.
[31] Mach 1905, p. 77.

Mas, enquanto isso não ocorre, Mach julga que é melhor ficarmos com o que temos e, assim, sairmos um pouco de nossa ignorância: "Tenta-se em vão rejeitar essa concepção como subjetiva [força como pressão que sentimos em nosso corpo, análoga a um ato de vontade etc.], anímica e não-científica; de nada nos serve violentar a maneira natural de pensar que nos é própria e de nos condenar assim a uma voluntária pobreza intelectual".[32]

Do outro lado estava Planck, que se colocava numa posição realista, esperando da ciência não apenas convenções, mas algo que refletisse as leis do mundo. Ele questionava: "Ela [a visão de mundo científica] é uma pura e arbitrária criação de nosso espírito ou reflete, na sua realidade, os processos naturais tal como eles se desenvolvem independentemente de nós?".[33] sua oposição a Mach é explícita: "Eu estou persuadido que o sistema de Mach, se ele é rigorosamente aplicado, permanece ao abrigo de contradições, mas eu penso também que sua significação é puramente formal e que ele não toca na essência das ciências naturais, isto porque ele não leva em conta a característica fundamental da investigação científica: a elaboração de um sistema de mundo *constante*, independente das vicissitudes temporais e das mentalidades nacionais. O objetivo da ciência não é o de adaptar perfeitamente nossos conhecimentos a nossas sensações, mas de depreender uma representação do mundo físico que seja completamente independente da personalidade dos homens que a constituem".[34]

Os signatários do documento "Convocação para a fundação de uma 'Sociedade para a Filosofia Positivista'" tomam a posição de Mach. Entre eles, dois dos grandes nomes do século XX: Einstein e Freud. A influência de Mach sobre Einstein não é pequena,[35] como já foi apontada por Holton e pode-se notar, sem que seja aqui necessário detalhar essa influência, em

---

[32] Mach 1883, p. 84.

[33] Planck 1949 [1908], p. 48.

[34] Planck 1963 [1908], p. 64.

[35] Holton dedicou-se, mais de uma vez, a analisar a proximidade e importância de Mach para Einstein. Cf. Holton 1967, pp. 101-16; 1993, pp. 56-73; 1998, pp. 154, 206, 248, 255.

que lugar Einstein coloca Mach ao lermos sua correspondência: "Eu permaneço como seu aluno que o venera".[36]

Temos, assim, um elo de ligação que permite articular, organicamente, Mach, Freud e Einstein, a saber: o ponto de vista heurístico que rege a prática desses cientistas. A proximidade entre esses autores pode ser retomada e reinterpretada a partir da consideração desse ponto de vista.[37]

A presença de Freud como signatário revela, de forma não-negligenciável, sua pertinência a determinada corrente científico-epistemológica. Por vezes, ele é interpretado como um intelectual extremamente perseguido, sempre na marginalidade de seu tempo, mantido preconceituosamente como excluído ou incompreendido. No entanto, a sua presença nesse documento o mostra comungando certos valores com outros homens do saber e sendo requisitado para tomar partido em questões centrais discutidas no cenário científico do início do século XX.[38]

O reconhecimento de Freud como adito a esse ponto de vista heurístico, participando de certos ideais positivistas de Mach, indica o lugar que ele mesmo dava a sua jovem ciência. A especulação dos fundamentos da sua doutrina, a incompletude de suas hipóteses, o caráter, como ele mesmo diz, *"open to revisison"*,[39] de suas teorias, mesmo as mais estruturais – tais como a organização espacial do aparelho psíquico e seu inconsciente dinâmico –, fazem parte de certas convenções heurísticas, até então eficientes para a resolução de problemas clínicos no tratamento de certas psicopatologias. Como diz Freud: "Estas representações e outras similares [o inconsciente e

---

[36] Carta de 17/08/1909. Holton 1967, p. 108.

[37] A ênfase no ponto de vista heurístico como organizador e estruturante dos modos de pensar desses cientistas não aparece nas análises feitas por Holton (1967; 1994; 1998), nem nas observações feitas por Assoun (1981; 1985a; 1985b), ao comentarem as relações desses cientistas.

[38] Isso indica, como já escreveu Ellenberger (1994 [1970], pp. 458-81), que Freud não era assim tão marginalizado e hostilizado pela comunidade científica de seu tempo, como às vezes se faz crer, o que nos leva a desfazer o mito de Freud como um herói solitário a enfrentar a mediocridade da "maioria compacta".

[39] Freud 1926f, p. 267.

suas subdivisões] pertencem a uma supra-estrutura especulativa (*Spekulativer Überbau*) da psicanálise, na qual cada parte pode ser sacrificada ou trocada sem dano nem remorso, a partir do momento em que uma insuficiência é constatada".[40]

Esse documento nos serve, então, como mais um índice para a leitura de Freud dentro dessa perspectiva epistemológica e metodológica; não se trata de uma interpretação forçada, mas fornecida por Freud, ele mesmo, num manifesto público.

5. Ciência e filosofia

Quando Mach toca na relação entre a ciência e a filosofia, ele defende uma diferenciação radical entre os dois saberes. Seu discurso parece cobrir-se de uma certa humildade,[41] mas carrega uma grande condenação à confusão que por vezes ocorre entre o proceder científico e o filosófico.

Em nenhum momento Mach se colocou como filósofo, seu objetivo sempre foi explicitar o lugar e o método do cientista, enquanto cientista: "Eu não aspiro ao título de filósofo".[42]

Evidentemente, toda ciência tem, atrás de si, um quadro de referência filosófica no qual se insere. Mach evidencia, diversas vezes, seus próprios pontos de referência filosófica; no entanto, ele também se esforça em diferenciar os métodos, princípios e objetivos que constituem esses dois tipos de conhecimentos, mostrando que eles caminham em sentidos opostos, estabelecendo-se separadamente, ainda que possam se visitar quando desenvolvem suas teorias específicas.

Mach começa seu *Conhecimento e erro*, de 1905, traçando um panorama geral da filosofia. Segundo ele, toda filosofia procura ser universal:

---

[40] Freud 1925d, p. 32.
[41] "Eu sou apenas um cientista, explorador da natureza, [*Naturforscher*] e não um filósofo". Mach 1886, p. 47.
[42] Mach 1886, p. 30.

cada sistema filosófico parte de um conjunto de princípios e fundamentos, tentando apreender o máximo de generalidade possível. A filosofia tem a pretensão de ser uma explicação completa do mundo, uma *Weltanschauung* estabelecida através de numa ontologia fundamental que servirá como base e referência para a compreensão de todo saber. Para Mach, a filosofia especulativa caminha na "direção de um sistema em que a concepção do mundo é fechada, integral, toda pronta",[43] ainda que existam filósofos que Mach reconheça como não metafísicos e se afastem dessas concepções fechadas sobre si mesmas.[44]

A ciência, no entanto, se ampara no estudo de fatos restritos; não se dirige a partir de uma visão de mundo "preestabelecida", mas joga para sua atividade empírica a tarefa de guiar o desenvolvimento de seu saber. Seus problemas e suas respostas são delimitados e parciais no que se refere ao todo, e, quando o cientista se depara com um problema por demais complexo para seu saber, naquele momento, ele posterga sua solução para um futuro no qual outros avanços poderão fornecer-lhe os instrumentos necessários para experimentar uma solução: "O homem de ciência não procura uma visão de mundo acabada: ele sabe previamente que seu trabalho só pode ampliar e aprofundar o conhecimento. Não há para ele nenhum problema cuja solução não pediria um aprofundamento suplementar, mas também nenhum problema que ele deva considerar como insolúvel. Se ele encontra um problema que ele não pode abordar naquele momento, ele resolve – nesse intervalo – outros que lhe são mais acessíveis. Quando, em seguida, ele volta ao primeiro problema, este – em regra geral – perdeu muito de sua fisionomia intimidante".[45]

Freud expressa a mesma opinião sobre as visões filosófica e científica, quando marca a diferença entre a psicanálise e a filosofia: "A psicanálise não é um sistema como o da filosofia, que parte de alguns conceitos

---

[43] Mach 1886, pp. 354-355.

[44] "Pode-se admitir com prazer as idéias de Schopenhauer sobre as relações da força e da vontade, sem nada ver de metafísico numa ou noutra". Mach 1886, p. 82.

[45] Mach 1886, pp. 358-359.

fundamentais rigorosamente definidos, com os quais ela procura apreender o universo e depois, uma vez acabado, não dispõe mais de espaço para novas descobertas e melhores maneiras de ver".[46]

De acordo com Mach, a ciência e a filosofia traçam caminhos inversos: "Sem dúvida, o que o filósofo toma como ponto de partida possível só aparece ao homem de ciência como o fim bem distante em direção ao qual tendem seus esforços".[47] Mas essa diferença de direções também possibilita reflexões, pois acontece freqüentemente o cientista chegar a formulações filosóficas e os filósofos apresentarem concepções próprias à execução da tarefa do cientista. De um lado, os filósofos chegam a justificar ou informar o cientista sobre suas próprias concepções: "Que numa apresentação sistemática e exaustiva um filósofo profissional tenha justificado um ponto de vista que um homem de ciência inclinou-se a tomar um tanto quanto superficialmente por meio de um desvio diletante dá forçosamente a refletir";[48] e, de outro, o cientista, reconhecendo a incompletude de suas proposições, é levado a buscar na filosofia uma ajuda necessária, encontrando, às vezes, novas vias para sua pesquisa: "A imperfeição dos resultados que os homens de ciência podem obter os conduzem, ao seguirem seus caminhos, a fazer empréstimos, mais ou menos confessados, do pensamento filosófico".[49]

Mach comenta que o cientista tem o dever epistemológico de compreender seus próprios pontos de vista filosóficos, bem como a maneira como sua disciplina progride: "sem ser filósofo, o menor do mundo, sem mesmo aceitar o nome [de filósofo], o homem de ciência tem a necessidade imperiosa de examinar os métodos pelos quais ele adquire ou estende seus conhecimentos".[50]

---

[46] Freud 1923a, p. 252.

[47] Mach 1905, p. 3.

[48] Mach 1886, pp. 354-355.

[49] Mach 1905, p. 3.

[50] Mach 1905, p. XXXI.

A preocupação de Mach em não ser confundido ou tomado como filósofo tem um papel fundamental, pois não há filosofia de Mach e seria um erro extremamente comprometedor confundir o modo de pensar filosófico com o das ciências naturais. Mach considera um erro, do qual não tem culpa, confundi-lo com os filósofos: "Se mesmo assim me confundem como tal, e de uma maneira um pouco barulhenta, eu não sou responsável".[51] A confusão acontece porque Mach tem uma obra que procura um esclarecimento sobre os princípios e a metodologia da ciência: "Talvez os filósofos reconheçam um dia a minha tentativa de um esclarecimento filosófico da metodologia das ciências da natureza e façam o mesmo de seu lado, dando um passo nesse sentido; mesmo se isso não aconteça, espero ser útil aos cientistas".[52]

O entendimento da postura do cientista diante da necessidade de um esclarecimento filosófico sobre os princípios mais gerais de sua teoria não o constitui um filósofo; ao contrário, Mach quer resguardar para a ciência uma liberdade ante a filosofia, seja ela qual for: "naturalmente, eu não quero, como homem de ciência, me abandonar cego à direção de uma filosofia particular".[53] Para ele, o cientista não precisa nem deve tomar os pontos de vista de um sistema filosófico como a base irredutível a partir da qual ele será obrigado a desenvolver seu trabalho: "É sem importância, para o homem de ciência, que suas representações se acordem ou não com tal sistema filosófico: o essencial é que ele as possa tomar com vantagens como ponto de partida para suas pesquisas".[54] A filosofia é, para o cientista, um recurso mais ou menos externo a seu trabalho, e não uma carta de princípios a ser seguida. É nesse sentido que Mach declara que não é "prisioneiro de nenhum sistema".[55]

---

[51] Mach 1905, p. XXXIII.
[52] Mach 1905, p. XXXIII.
[53] Mach 1905, p. XXXIII.
[54] Mach 1905, p. 9.
[55] Mach 1905, p. XXXIII.

Não é possível ser filósofo e cientista ao mesmo tempo, trata-se de uma impossibilidade estrutural, pois ao cientista não é permitido permanecer ou entrar no campo dos transcendentais para caracterizar problemas a serem resolvidos. Diz Mach: "Eu digo com Schuppe: o país do transcendente me é fechado e, de outra parte, eu declaro abertamente que seus habitantes não podem de nenhuma maneira excitar minha curiosidade científica. É fácil então medir o enorme abismo que me separa de muitos filósofos".[56]

Em Freud encontraremos uma declaração parecida, quando ele afirma sua incapacidade constitucional de praticar a filosofia: "Mesmo ali onde eu me afasto da observação, cuidadosamente evitei me aproximar da filosofia propriamente dita. Uma incapacidade constitucional muito me facilitou tal abstenção".[57]

No entanto, a diferença e a distância entre a ciência e a filosofia não significam uma separação total, há uma proximidade e um modo de contato que precisam ser mais bem explicitados. Diz Mach, enquanto um explorador da natureza: "Eu procuro unicamente adquirir um ponto de vista filosófico claro e seguro, chegando a caminhos que podem ser percorridos tanto no domínio da psicologia como no da física, e que são desobstruídos das brumas metafísicas".[58] A identificação dos pontos de contato e dos planos de trabalho do cientista e do filósofo põe as coisas nos seus lugares, sem que um procedimento ou uma disciplina se confunda com a outra. Mach evidencia o contato estreito entre o cientista e o filósofo: "O pensamento científico se apresenta a nós sob dois tipos com aspectos diferentes: o pensamento do *filósofo* e o pensamento do homem de ciência especializado. O filósofo busca se orientar no conjunto dos fatos de uma maneira universal tão completa quanto possível; por isso mesmo, ele é obrigado a emprestar da ciência os elementos para sua construção. O homem de ciência não pode, inicialmente, senão encarar e estudar um domínio de fatos mais restrito".[59]

---

[56] Mach 1905, p. XXXII.
[57] Freud 1925d, p. 59.
[58] Mach 1886, p. 47.
[59] Mach 1905, p. 2.

No entanto, o contato com a filosofia também é uma fonte na qual o cientista pode encontrar novas vias para o desenvolvimento de suas pesquisas. Essa visita que o cientista realiza não só à filosofia, mas também a outras disciplinas, é até mesmo aconselhada por Mach: "Eu sempre experimentei um vivo interesse pelas ciências vizinhas à minha e pela filosofia".[60] No entanto, ele ressalta que essa visita do cientista, esse *coup d'oeil* noutras disciplinas, deve ser rápido e prudente. Mach defende que o homem de ciência especializado deve alimentar-se de outros campos do saber para que, dentro de seu sistema e sua especialidade, possa desenvolver seu próprio campo.

Não se trata de fazer importações ou exportações de conceitos, prática impossível, já que cada disciplina tem seu conjunto de referentes específicos que não se sobrepõem, mas de procurar, para cada conceito, de um determina ramo do conhecimento, outro conceito de outro ramo que pareça ter o mesmo referente, ainda que se saiba que, em geral, eles não tenham os mesmos referentes. Uma disciplina pode, assim, incitar noutra o desenvolvimento de novos conceitos, mas não teria a possibilidade epistemológica de fornecer esses novos conceitos de uma maneira direta; ou seja, não haveria aplicabilidade dos conceitos entre as disciplinas, muito menos aplicabilidade direta dos conceitos filosóficos à prática científica.

A posição de Mach, defendendo a especificidade e distância entre a ciência e a filosofia, não condena o contato entre elas, mas estabelece um procedimento de cautela e de reconhecimento das diferenças intrínsecas entre cada um dos saberes em questão e seus problemas-objetos próprios.

---

[60] Mach 1905, p. XXXII.

Capítulo 5

Instrumentos de pesquisa

1. Operadores da pesquisa científica em Mach: postulados, conceitos e hipóteses

Vimos que, em Mach, a ciência é constituída em função dos problemas a resolver. Convém, agora, especificar quais instrumentos teóricos são usados pelos cientistas para elaborar, desenvolver e testar suas soluções ou teorias. A caracterização das teorias em função dos problemas a resolver constitui um eixo para esse estudo, pois um problema é também a expressão de uma determinação concepção, de um modo de ver as coisas. Como comenta Darwin: "Quão estranho é que ninguém compreenda que toda observação deve estar a favor ou contra certa concepção para ter alguma utilidade".[1]

Na tarefa de edificação teórica, o cientista utiliza *postulados, conceitos* e *hipóteses* como operadores específicos para seus objetivos, bem como a elaboração de figurações (modelos visualizáveis) e o uso de *procedimentos comparativos*, por vezes entre fenômenos díspares, num uso significativo de analogias e metáforas. A análise do que significam, para Mach, esses termos (postulados, conceitos e hipóteses) e os procedimentos de pesquisa na prática científica contribuirá para o esclarecimento do que provém da experiência ou é especulativo nessas teorias.

---

[1] *Apud* Cohen e Nagel 1968, p. 14.

O critério-guia para explicar o que são esses termos será, portanto, a distinção entre o que vem diretamente da experiência e o que vem dalhures. Não se trata de tomá-los enquanto entidades totalmente separadas e díspares, visto que, em muitos aspectos, eles se confundem, mas de usar cada um deles, apoiados nos comentários de Mach, com a finalidade de aumentar nosso entendimento sobre a especulação na prática científica. Não está em causa aqui de uma análise geral do sentido que esses termos têm no âmbito das práticas científicas, tal como foram analisados pela epistemologia e filosofia das ciências – o que exigiria um outro tipo de trabalho, bem como a referência a um conjunto mais amplo de estudos posteriores a Mach –, mas sim o traçado de um esboço teórico de parte dos procedimentos de pesquisa científica que Freud utilizou para construir a psicanálise.

a) Postulados

Os postulados consistem em fundamentos e princípios básicos que servem como pontos de partida de uma pesquisa; apesar de explicarem os fenômenos aos quais se aplicam, não podem ser, geralmente, comprovados pela experiência direta. Eles consistem na suposição de que existem certas regularidades nos fenômenos – que o cientista toma como *dadas a priori* –, sem, no entanto, chegar a afirmar alguma coisa sobre a natureza dessas regularidades ou, ainda, sobre a natureza dos fenômenos eles mesmos.

De uma maneira geral, um postulado também é um conceito, mas seu enfoque refere-se à sua condição especial, que consiste em ter, para o cientista, o valor de um princípio fundamental sem o qual seu edifício teórico não teria onde se apoiar. Analisamos as características gerais de um postulado quando nos dedicamos ao estudo da noção de *força;* mostramos também que, para Mach, outros conceitos fundamentais, tais como *massa, átomos, moléculas, quantidade de movimento* etc., têm o mesmo estatuto epistemológico.

Podemos notar, ao longo da história das ciências, que os postulados não são *para sempre*, ou seja, eles têm valor e utilidade desde que possam dar conta dos problemas possíveis de resolver. Quando eles não são mais suficientes ou não estão mais de acordo com os problemas que um determinado paradigma[2] pode enunciar e resolver, ocorre uma mudança nos princípios orientadores da pesquisa e os postulados antigos são abandonados ou substituídos por princípios mais adequados. Para Mach, os postulados seriam substituídos por outros postulados até que, numa fase final da pesquisa de um determinado domínio empírico, eles seriam abandonados e no seu lugar teríamos a descrição direta dos fatos.

Vemos, por exemplo, que os postulados de Aristóteles, sustentados sobre os princípios dos quatro elementos e da busca do lugar natural, serão substituídos pelos da física newtoniana, com as leis da gravidade e seus princípios correspondentes, que serão, por sua vez, reformulados pela física relativista.

O cientista tem com os postulados essa posição paradoxal: eles são seu ponto de apoio, ponto cego no desenvolvimento de seu trabalho, mas que podem ser retirados e substituídos por outro postulado, quando o cientista não consegue mais progredir na resolução de seus problemas. Em Mach, esses postulados são conceitos ou elementos fantasiosos de validade heurística, a serem, tão logo quanto possível, substituídos por elementos advindos diretamente dos dados empíricos. Em Kuhn (1970), na sua análise dos paradigmas científicos, eles são a "parte metafísica dos paradigmas científicos", sempre presente e necessária, mas que podem ser substituídas. Quando ocorre o que Kuhn denominou de uma revolução científica, tal como exemplifica a história da física, esses fundamentos metafísicos são postos em xeque e, por vezes, substituídos por outros – segundo ele, também metafísicos.

b) Conceitos

Um conceito advindo diretamente da experiência é também uma abstração. Ele reúne, sob sua rubrica, um conjunto de representações referentes a situações ou entes específicos de um domínio de dados empíricos e

---

[2] No sentido de Kuhn 1970.

corresponde a uma idéia geral que pode ser aplicada a um grande conjunto de existentes particulares. De uma forma geral, toda representação genérica poderia ser um conceito. O seu processo de formação encontraria na percepção das representações individuais seu modelo básico de desenvolvimento. Mach elucida esse processo como característica própria do mundo animal (homem incluso):

> Pode-se admitir que um coelho está rapidamente em posse da representação típica de um repolho, de um homem, de um cão e de um boi, que ele é atraído pelo repolho, que ele foge do homem e do cão, que o boi lhe é indiferente, em conseqüência de associações imediatas que se ligam às percepções em questão ou às representações típicas correspondentes. Mas, à medida que a experiência do coelho se enriquece, as reações *comuns* aos objetos de *um* desses tipos lhe são melhor conhecidas, reações que podem, *todas ao mesmo tempo*, estarem vivas na sua consciência. Se o animal é atraído por um objeto que parece com um repolho, ele desenvolve imediatamente uma atividade de explorador e se convence, cheirando e roendo, que o objeto apresenta as reações esperadas: odor, sabor, consistência etc. Apavorado inicialmente por um espantalho, que parece com um homem, o animal, que observa as coisas atentamente, percebe rapidamente que faltam ao objeto as reações importantes do tipo homem: movimento, deslocamento, atitude agressiva.[3]

À proporção que a experiência se repete em número e diversidade, a representação se torna mais complexa e genérica. Vemos, assim, uma outra característica importante do conceito: ele não é uma formação instantânea, como uma representação sensível simples e correta, mas depende de um processo que agrupa representações numa determinada classe: "Eis onde me parece residir a característica do conceito por oposição a uma representação instantânea individual. Essa representação se enriquece por associações e se desenvolve lenta e progressivamente, de maneira a nos apresentar uma passagem contínua da representação, a mais elementar, à mais geral".[4]

---

[3] Mach 1905, pp. 92-93.

[4] Mach 1905, p. 93.

É fácil reconhecer aqui, em ação, o "princípio de economia" como característica adquirida no processo de seleção natural, tal como Mach o defende numa referência clara a Darwin. O homem criaria seus conceitos, inicialmente, da mesma maneira que o animal, mas com uma diferença significativa: teria a linguagem e as relações com os outros homens como meios para sustentar o conceito de uma maneira que não encontramos no mundo animal, ao menos não com tal riqueza. A esse respeito, afirma Mach: "Na palavra, o homem possui uma etiqueta do conceito que pode ser geralmente apreendida de uma maneira sensível; mesmo quando a representação típica [a representação sensível específica, o referente empírico] torna-se insuficiente ou não existe".[5]

Entretanto, entre as palavras e as coisas há uma distância considerável; acontece, por vezes, serem produzidos conceitos que não teriam nenhuma referência na realidade empírica. O exame do conceito enquanto uma formação psicológica nos levaria a pensar nessas abstrações sem referentes; é justamente esse perigo que o cientista procura evitar ao aplicar seus conceitos (abstrações) a casos concretos: "Se alguém constata que não se pode representar um homem que não seja nem jovem nem velho, nem grande nem pequeno, em síntese, um homem em geral; se alguém considera que todo triângulo que se apresenta tem, necessariamente, seja um ângulo reto, seja um obtuso, seja um agudo, e que, por conseqüência, não é um triângulo em geral, ele chega facilmente a pensar que estas formações psíquicas, que nós chamamos conceitos, não existem, que não há, absolutamente, representações abstratas. Resulta claramente que, para que os conceitos gerais não sejam puras palavras, é necessário que estas proposições muito abstratas sejam compreendidas e corretamente aplicadas a casos concretos".[6]

Tomado necessariamente como uma abstração, todo conceito representa um conjunto. Alguns desses conjuntos podem receber um conteúdo empírico, tal como o conceito de árvore e as infinitas árvores singulares das quais formamos representações imediatas; outros só recebem esse conteúdo

---

[5] Mach 1905, p. 93.
[6] Mach 1905, p. 92.

de maneira inadequada, como é o caso do conceito (ou idéia) de natureza como um todo, já que é impossível apreender esse todo pela percepção, mas do qual temos índices pela percepção das unidades empíricas (de uma máquina e suas partes, por exemplo); e, por fim, há conceitos que não têm possibilidade alguma de receberem conteúdos empíricos, tal como o de liberdade, imortalidade da alma, Deus etc. Seja qual for o conceito, falta-lhe a percepção imediata de seus referentes: "Ao conceito falta a intuição imediata, por duas razões. Primeiro, ele abrange toda uma classe de objetos (fatos), em que os indivíduos não estão apresentados todos de uma só vez. Depois, suas características comuns, as únicas que interessam ao conceito, são geralmente tais que nós chegamos sucessivamente a seu conhecimento ao longo do tempo, e nos é necessário um tempo considerável para os apreender numa intuição atual".[7]

Quando um conceito é usado na observação, ele produz um direcionamento da percepção, agindo em nossos sentidos e dirigindo-os a certas características que se espera encontrar: "Quando nós aplicamos conceitos abstratos a um fato, estes agem, então, sobre nós como uma impulsão simples para realizar uma operação sensorial definida, e esta atividade nos fornece *novos* elementos sensíveis, aptos a determinar o curso subseqüente de nossos pensamentos correspondentes a tal fato. Graças a esta atividade, nós *ampliamos* e *enriquecemos* o fato, para nós muito pobre. Nós procedemos da mesma maneira que um químico que, através de uma operação determinada, faz aparecer, numa solução incolor de sais, um precipitado amarelo ou marrom. O conceito próprio ao físico é uma *atividade de reação*, enriquecendo o fato com novos elementos sensoriais".[8]

O conceito nos apresenta um conjunto de características (associadas a uma palavra ou termo que o designa) que nos informa quais reações devem ser esperadas de uma determinada classe de objetos ou de um domínio empírico. Ao mesmo tempo que o conceito reduz um fato a um número pequeno de componentes (correspondentes à definição do conceito),

---

[7] Mach 1905, pp. 97-98.
[8] Mach 1886, p. 323.

também possibilita que esse fato seja compreendido em função de um conjunto maior ao qual ele pertence: "A importância de um conceito para a pesquisa científica compreende-se facilmente. Quando nós classificamos um fato sob um conceito, nós o *simplificamos*, negligenciando todos os caracteres que não são essenciais ao objetivo que nós perseguimos. Mas, ao mesmo tempo, nós *enriquecemos* esse fato, porque o fazemos participar de todos os caracteres dessa classe".[9]

Deve-se sempre lembrar, no entanto, que o conceito não é a representação completa dos fatos; ele serve ao cientista como uma maneira de operar sobre a multiplicidade infinita de relações que os fenômenos apresentam, possibilitando pôr em evidência apenas os elementos fundamentais para a explicação de determinado problema: "O papel predominante da abstração na ciência é evidente. Não é possível prestar atenção a todos os detalhes de um fenômeno, e não seria bom fazê-lo. Nós observamos precisamente circunstâncias que têm *interesse* para nós, e aquelas das quais elas parecem *depender*. A primeira tarefa que se oferece ao cientista é assim *de pôr em evidência* no seu pensamento as circunstâncias que dependem *umas das outras*, e de deixar *de lado* como acessórias ou indiferentes tudo o que, nos fenômenos que ele estuda, parece *independente*. De fato, as maiores *descobertas* foram feitas por meio desse processo de *abstração*".[10]

Por outro lado, dentro do quadro das ciências naturais, os conceitos não podem ser puras abstrações, palavras vazias; pelo contrário, eles têm não só a sua raiz nos fatos (apesar de não serem equivalentes a eles), como devem receber conteúdos empíricos que os validem: "se nós confundimos as representações e os conceitos com os fatos, identificamos alguma coisa de mais pobre, ou alguma coisa que só serve a um objetivo determinado, com alguma coisa mais rica e inesgotável".[11] É nesse sentido que o cientista se vê sempre na obrigação de *corrigir* os conceitos, tendo em conta os fatos.

---

[9] Mach 1905, pp. 98-99.
[10] Mach 1905, pp. 99-100.
[11] Mach 1905, p. 102.

Diferentemente do leigo, quando um cientista escuta ou utiliza um conceito, ele se refere a coisas muito específicas e definidas: "O que para o leigo é só uma palavra ou um vazio, tem para o especialista um sentido determinado, contém para ele a indicação de manifestações muito bem definidas da atividade psíquica ou física".[12] Não basta verificar a definição do conceito nos manuais e dicionários, pois a simples leitura não fornece ao leitor a experiência necessária do praticante de uma disciplina científica, que depende da comprovação da ligação entre o conceito e seu referente. A apreensão e o entendimento pleno do sentido de um conceito nas ciências não é uma operação apenas intelectual, mas dependente da experiência sensível que permeia a observação: "Só a leitura forma tão pouco o especialista quanto a audição de uma aula, mesmo que ela seja excelente. Ela não obriga a verificar a exatidão dos conceitos recebidos, enquanto, no laboratório, o contato direto com os fatos e os erros sensíveis que são cometidos controlam imediatamente essa exatidão".[13]

Também em Freud encontramos a mesma necessidade da experimentação direta – o fundamento advindo dos dados e dos métodos que possibilitam apreendê-los – para que se possa compreender os conceitos psicanalíticos: "Os ensinamentos da psicanálise resultam de um número incalculável de observações e experiências; alguém que não tenha realizado, seja sobre si mesmo seja sobre outro, essas observações, não saberá fazer sobre elas um julgamento independente".[14]

O trabalho de observação, que o cientista acostuma-se a fazer, cria o hábito e a agilidade na realização da passagem dos dados para os conceitos, e vice-versa: "A natureza do conceito se mostra com maior clareza somente àquele que começa a dominar uma ciência. O conceito não é assimilado de uma maneira instintiva ao conhecimento dos fatos fundamentais, mas sim pela observação atenta, cuidadosa e intencional dos fatos. Aquele que freqüentemente passou dos fatos aos conceitos e inversamente, guarda dessa

---

[12] Mach 1905, pp. 94-95.

[13] Mach 1905, p. 95.

[14] Freud 1940a, "Preface".

passagem uma viva lembrança, de maneira que ele [o cientista, por exemplo] pode a cada momento a refazer e parar em cada um de seus pontos".[15]

Para Mach, a observação e a assimilação do observado sob a rubrica de um conceito é um processo ativo de seleção e organização daquilo que é observado. Assim, para ele, o cientista é treinado, num determinado campo, a fazer essa assimilação de certos aspectos dos fatos na construção de conceitos específicos daquele campo. Para ver esses aspectos é necessário ser treinado numa determinada maneira de apreender e observar. Para Freud, trata-se da mesma constatação, quando ele defende que somente aqueles que aprenderam o método psicanalítico (de pesquisa, que é também um método de observação) podem apreender os conceitos da psicanálise. Freud refere-se, por exemplo, à necessidade da experiência prática como meio de dar aos conceitos seu pleno significado, tornando possível a apreensão correta dos conceitos e procedimentos da psicanálise: "em geral, é muito difícil fazer ver o que é a psicanálise a quem não é, ele mesmo, psicanalista. Vocês podem acreditar em mim, nós não gostamos de dar a impressão de pertencer a uma liga secreta e de praticar uma ciência secreta. Todavia, devemos reconhecer e declarar, como é nossa convicção, que ninguém tem o direito de se colocar no debate psicanalítico se não adquiriu experiências determinadas que só podem ser adquiridas por meio de uma análise sobre sua própria pessoa".[16]

Isso nos leva a enfatizar dois aspectos epistemológicos importantes: 1) os conceitos não são imagens *ipsis litteris* dos fatos, pois entre eles há um abismo intransponível, e 2) o homem de ciência sabe que seus meios de apreensão dos fenômenos e das relações entre fenômenos são *artifícios* para captá-los. Portanto, o cientista está sempre disposto a *corrigir* seus conceitos, tendo em conta os fatos.

Segundo Mach, a compreensão plena do que é um determinado conceito depende, portanto, da familiaridade e da prática que regula a passagem dos dados da experiência para a sua apreensão conceitual. Isso mostra

---

[15] Mach 1905, p. 95.

[16] Freud 1933a, Lição 31, p. 68.

que o cientista deve estar treinado, familiarizando-se com os "princípios de transposição"[17] **entre conceitos e fatos dentro da sua disciplina.**

Até aqui analisamos, de uma maneira geral, qual seria a natureza do conceito para o cientista. Teríamos, ainda, uma diferenciação mais fina a fazer, em que os conceitos poderiam ser classificados, de acordo com Mach, segundo os tipos de referentes a eles associados: "Mach distingue quatro tipos de conceitos científicos: em primeiro lugar, conceitos fenomenais ou fisiológicos; em segundo, conceitos de coisa, substância e quantidade; em terceiro, "idéias teóricas", "teoria" ou "analogias"; e, por fim, *positifs*, construtos de pensamento ou modelos matemáticos de fatos".[18]

Nesse quadro, é necessário diferenciar conceitos empíricos de conceitos teóricos e/ou especulativos. Os primeiros são construídos pela abstração das diferenças específicas entre os dados sensíveis de uma mesma classe de dados empíricos. Os segundos, não vêm diretamente da experiência sensível, ou só parcialmente deles, tais como os conceitos matemáticos, de força etc., que são construídos pelo pensamento, sem que tenham na realidade empírica um referente empírico objetivo que lhes corresponda.

Essa diferenciação permite colocar, sob a rubrica do *conceito*, o conjunto de operadores que estou analisando em separado, bem como incluir a *teoria*, o *procedimento analógico* e os *construtos de pensamento* integrando esse conjunto.

c) Hipóteses

A observação fornece ao cientista um conjunto de dados imediatos, mas não dá a completa explicação dos fatos e suas relações. Face às lacunas que ficam no entendimento, o cientista procura completar seu trabalho por meio de uma hipótese, que é uma explicação provisória que tem por objetivo fazer compreender mais facilmente os fatos, mas que escapa

---

[17] O termo não é de Mach, mas de Hempel (cf. Hempel 1970), o que não é um anacronismo; trata-se, no entanto, de uma maneira de explicitar com mais rigor o ponto de vista machiano.

[18] Loparic 1984, p. 47.

ainda à prova pelos fatos. Uma hipótese é um *método de trabalho científico*;[19] ela proporciona que se possa fazer novas observações e novas pesquisas para confirmar, refutar ou modificar uma conjectura; enfim, é um meio para que se possa estender e ampliar a experiência e seu entendimento.

As hipóteses são, por assim dizer, instrumentos para descobrir. Nem sempre é pertinente a pergunta sobre a verdade ou falsidade das hipóteses. Por vezes, uma hipótese falsa pode resultar em descobertas verdadeiras, como foi o caso, por exemplo, da hipótese defendida por Semmelweis entre 1844 e 1848, segundo a qual certas infecções hospitalares eram causadas por uma matéria cadavérica ou pútrida transmitida pelas mãos ou instrumentos não lavados; hoje sabemos da falsidade dessa hipótese, mas ela levou a descobertas verdadeiras sobre a assepsia médica.[20]

Mach defende que não é absolutamente necessário ter *a priori* visões exatas e uma hipótese verdadeira para fazer reais descobertas. Elas podem se apresentar como uma suposta explicação para as relações entre os fenômenos – por exemplo, quando se supôs que a causa da AIDS era um vírus, o que significou a proposta de uma linha de pesquisa com todas as suas derivações – ou, ainda, como modelos para descobrir correlações –por exemplo, quando se pressumiu que as moléculas dos gases movimentavam-se *como se* fossem bolas de bilhar perfeitamente elásticas em movimento aleatório, possibilitando, num momento inicial, descobrir leis de dependência entre a pressão, o volume e a temperatura dos gases em ambientes fechados ($P.V/T = cte$).

Como representação dos fatos (relações entre eles) ou como modelos, as hipóteses estão destinadas à confrontação com a experiência; devem ser adaptadas a novas experiências, comprovadas ou refutadas, desenvolvidas ou substituídas por outras hipóteses, ou mesmo abandonadas como infrutíferas para a descoberta. Elas são construídas em função de uma situação específica, um problema, e a sua verificabilidade não se restringe somente a um fato, mas a um conjunto geral que engloba esse fato: "Nós nos esforçamos

---

[19] Mach 1905, p. 103.
[20] Cf. Hempel 1970, pp. 13-6.

para adaptar a hipótese a um fato em circunstâncias particulares, que a observação nos revelou, e, naturalmente, sem saber com antecedência se a hipótese estará de acordo com circunstâncias mais gerais".[21]

Uma hipótese serve como instrumento de aproximação para a compreensão daquilo que não se pode deduzir dos fenômenos diretamente, mas se deve lembrar que ela é também um conjunto de condições que dirigem o trabalho do cientista, que, se não forem dadas, tornam impossível a sua verificação. A própria enunciação de um problema científico é já fruto de um conjunto de hipóteses que o possibilitam; vê-se, assim, a dependência recíproca entre as hipóteses-problemas e a observação dos fatos, em que a teoria e a prática do cientista se co-determinam.

Algumas hipóteses poderão ser comprovadas ou refutadas pela experiência, mesmo que seja difícil realizar tal prova, tal como, por exemplo, a existência de uma matéria pútrida como causa de infecção (refutada ao longo da história), a defesa de que a AIDS é causada por um vírus (comprovada), a suspeita de que houve ou há vida em Marte; a derivação de um fato por supostas premissas, como é comum na prática dos paleontólogos, que partem de um dado – uma parte de um fóssil – e tentam reconstruir o animal na sua totalidade. Outras hipóteses não podem, de modo algum, ser comprovadas ou refutadas diretamente, por exemplo: O Universo é um todo onde todas as partes se co-determinam. E, por fim, há aquelas hipóteses que servem apenas como modelos para descoberta, para as quais não cabe a pergunta sobre a sua comprovação ou refutação direta: toma-se um modelo como um dado e verifica-se as conseqüências que daí derivam, por exemplo, se o circuito elétrico puder ser encarado como um sistema hidrodinâmico, então é possível...; se o calor é a energia cinética das partes constituintes dos corpos, então...; se matéria atrai matéria, então...; se o homem pode ser compreendido como uma máquina, então... etc.

Um dos aspectos importantes a ressaltar, para meu objetivo, é que muitas hipóteses carregam a marca da especulação, às vezes extremamente

---

[21] Mach 1905, p. 178.

afastadas dos dados empíricos, mas neles incidindo. Outro, não menos importante, é o reconhecimento de que muitas hipóteses têm apenas valor heurístico, servindo para descobertas; elas mesmas não teriam validade objetiva (empírica). Mach defende claramente o uso de hipóteses desse tipo, exemplificada pela noção de átomo, mas critica que se procure nessas fantasias uma realidade empírica. Para ele, esse proceder permite que o cientista realize "uma *experiência mental* que pode ser controlada pela *experiência física*",[22] admitindo que devem existir partes de um fato que não foram ainda observadas, ou mesmo não são acessíveis à observação.

Freud também defende o uso de uma hipótese, não por sua possível veracidade, mas pelo que se pode fazer com ela, por exemplo, quando tenta reconstruir o que ocorrera nos tempos primitivos (em *Totem e tabu*) a partir dos dados que recolhe de seus neuróticos: "mas eu estimo que está à altura de uma tal hipótese [a propósito da horda primitiva e da morte do pai] mostrar-se apropriada na procura da coerência e da compreensão".[23] Ao preparar a introdução do conceito de pulsão de morte, em 1920, sua postura é ainda mais clara, no que diz respeito ao valor apenas heurístico de sua hipótese: "O que se segue é especulação, uma especulação que leva freqüentemente a muito longe e que cada um considerará ou negligenciará segundo sua posição particular. É assim uma tentativa para explorar de maneira conseqüente uma idéia, com a curiosidade de ver onde ela levará".[24]

Lembremos, no entanto, que, de acordo com Mach, a hipótese constitui apenas uma fase provisória da pesquisa científica. Para ele, há um *télos* científico a ser alcançado: o que se apresenta como hipótese, seja ela comprovável ou não (servindo apenas como meio para a descoberta das relações entre os fenômenos), deve ser substituído pelo conhecimento dos fatos, na procura, então, de uma descrição direta e acabada destes.

---

[22] Mach 1905, p. 173.

[23] Freud 1921c, p. 122.

[24] Freud 1920g, p. 23.

2. Uso de representações-fantasia (*Phantasie-Vorstellungen*) como parte de um método de pesquisa

O uso de conceitos ou termos especulativos, fantasiosos, no desenvolvimento das pesquisas nas ciências é algo que Mach defende como necessário, provisoriamente necessário. Vejamos mais detalhadamente como ele considera o que são as fantasias (*Phantasie-Vorstellungen*) e como elas deveriam ser usadas nos processos de descobertas. Diz Mach, para caracterizar o que são as representações-fantasia: "Se tudo no processo de imaginação ocorre essencialmente conectado a minha experiência real, eu a chamarei de memória. Se, via muitas experiências diferentes com uma grande variedade de associações entre os elementos intuitivos (libertando os elementos individuais, em seguida, outras influências levarem a combinar diversas dessas conexões de uma maneira que nunca tinha acontecido antes na experiência sensorial, então esta combinação existe primeiro na imaginação. A estas ideias chamamos fantasias".[25]

Retomemos um dos problemas centrais de Mach, que é a questão da relação entre o corpo e a alma ou, noutros termos, entre o físico e o psíquico. A reapresentação de sua tese básica, que concebe um e outro como duas versões da mesma realidade, na defesa de um paralelismo completo entre o físico e o psíquico, servirá, agora, para pôr em evidência o que há de especulativo ou fantasioso nas suas proposições, mesmo que isso implique uma pequena repetição do que já vimos no primeiro capítulo.

Para Mach, seu monismo é um princípio *heurístico* que procura libertar o entendimento da tese do dualismo psicofísico, que ele considera artificial e prejudicial para o avanço da ciência. Em primeiro lugar, é preciso saber aquilo que Mach compreende como sendo o mundo *físico* e o mundo *psíquico*: o *físico* corresponde a tudo aquilo que no espaço é imediatamente *dado a todos*, e o psíquico àquilo que é imediatamente *dado a somente um*, e que, para os outros, só é conhecido por analogia. Essa diferenciação já carrega consigo a solução para o problema do dualismo.

---

[25] Mach 1905, p. 110.

Segundo Mach, é a percepção que identifica o que é de natureza física e o que é de natureza psíquica; ela é o meio pelo qual apreendemos o mundo. Cada sensação global da percepção – a visão de um objeto ou o reconhecimento de uma lembrança ou sentimento – é um conjunto de pequenas percepções, como se houvessem unidades apreendidas uma a uma, as quais ele denomina os *elementos* da percepção: "É assim que as percepções, como também todas a representações e volições ou emoções, resumidamente, o mundo interno e externo na sua totalidade, se compõem de *um pequeno número de elementos de mesma natureza*, colocados numa relação tanto efêmera quanto estável. Chamam-se usualmente esses elementos de sensações. Mas, como essa denominação implica uma tomada de posição *teórica unilateral*, preferimos falar simplesmente de elementos como nós fizemos até aqui. Toda pesquisa tende a elucidar o mundo de correlação desses elementos entre eles. Se acontecer de *uma só* categoria de elementos não ser mais suficiente, é necessário, então, estabelecer diversas. Mas, para as questões que nós tratamos, não é necessário complicar as hipóteses *a priori*".[26]

O mundo sensorial pertence, nesse sentido, simultaneamente ao mundo físico e ao mundo psíquico, e não seria lógico, nem haveria algum interesse, em fazer uma oposição entre o que é físico e o que é psíquico, visto que haveria uma identidade simples a ser considerada: na esfera sensorial da consciência, todo *objeto* é, por sua vez, físico e psíquico, tudo o que é físico corresponde a alguma coisa psíquica e vice-versa.

É a reunião dos elementos em conjuntos que caracteriza as sensações, o que implica afirmar que as premissas de Mach são fundamentalmente as mesmas de Hume. O título de seu livro de 1886, *Análise das sensações. Relação entre o físico e o psíquico*, é um esforço para apresentar sua *teoria dos elementos*, apresentando o físico e o psíquico como os dois braços de um "U" unidos pelos elementos.

Mach desenvolve sua teoria da união do físico e do psíquico, como sendo dois lados conectados de uma mesma realidade, a partir da relação

---

[26] Mach 1886, p. 22.

que temos com nosso corpo: "os limites espaciais do nosso próprio corpo estão sempre presentes, e vemos que o que encontramos fora dele [do nosso corpo] depende tanto de outros [corpos], bem como do que encontramos dentro dele [dentro de nosso próprio corpo]".[27] Essa concepção representa para ele a efetiva reformulação do problema do dualismo, que agora não teria mais razão de ser, pois os *elementos* referentes ao mundo físico e ao mundo psíquico são literalmente os mesmos, reformulando o campo de pesquisa, de uma maneira geral, e dando ao fisiólogo e ao psicólogo um novo horizonte. Mach especifica sua posição:

> Os conceitos fundamentais dos homens se forjam, segundo uma medida natural, pela adaptação a um círculo de pensamentos e de experiências mais ou menos larga. Ao físico é suficiente, talvez ainda, a idéia de uma matéria fixa, em que a única modificação corresponde ao movimento, nas transformações locais. O fisiólogo, e de certa maneira o psicólogo, não podem nada empreender a partir de uma concepção como esta. Para quem pensa, todavia, na reunião das ciências num todo, é-lhe necessário procurar uma representação coerente em todos os domínios. Se nós decompomos o conjunto do *mundo material* em *elementos* que seriam também, *ao mesmo tempo*, os elementos do *mundo físico* – os quais, enquanto tal, nomeiam sensações –, e se, além disso, nós visamos à pesquisa da ligação, da articulação, da dependência mútua desses elementos *idênticos em todos os domínios* como a única tarefa da ciência, podemos esperar, com razão, construir sobre essa representação uma construção *monista*, e nos livrar do dualismo pernicioso e desviante. Olhando para a matéria como a única coisa constante e inalterável, destrói-se de fato toda articulação possível entre o físico e o psicológico.[28]

Os elementos são entidades que se colocam nesse limite entre o físico e o psíquico, pertencendo aos dois ao mesmo tempo, sendo os dois ao mesmo tempo e servindo como ponto de partida para essas diferenciações. Como não se trata mais de saber como um mundo age no outro – pergunta sem sentido nessa perspectiva –, o foco da pesquisa científica será dirigido

---

[27] Mach 1905, p. 6.
[28] Mach 1886, p. 312.

à procura da relação funcional entre esses elementos. Todo e qualquer objeto, qualquer *coisa* pertinente à pesquisa científica, passa, então, a ser perscrutado dentro dessa perspectiva: "Quando consideramos elementos tais como vermelho, verde, quente, frio etc., que são, ao mesmo tempo, físicos e mentais [psíquicos], em virtude de suas dependências das circunstâncias internas e externas, e estão ambos aspectos dados imediatamente como sendo os mesmos [físico e mental], a questão da ilusão e da realidade perde seu sentido. Aqui estamos, simultaneamente, confrontados com os elementos do mundo real e do ego. A única questão de interesse diz respeito à interdependência funcional [entre estes elementos], no sentido matemático [do termo funcional]. Pode-se sempre chamar essa dependência dos elementos uma *coisa*, mas não é uma coisa *incognoscível*: cada observação nova ou teorema científico torna-a [a relação de determinação recíproca] melhor conhecida".[29]

Mach ficou conhecido na história das ciências como um pensador que teria reduzido o mundo a um conjunto de sensações compostas pelas suas unidades de percepção, os *elementos*, ainda que ele mesmo tenha comentado estar em descordo parcial com essa interpretação: "Eu quero salientar contra isso que o mundo não é para mim uma simples soma de sensações, mas muito mais; eu falo explicitamente de relações *funcionais* entre os *elementos*".[30]

Seu ponto de vista desembocará, em termos gerais, num reducionismo da pesquisa em psicologia a seus aspectos quantitativos. A partir da hipótese de que tudo o que for psíquico teria, necessariamente, um fundamento e uma determinação física, e sua afirmação de que "a psicologia é uma ciência auxiliar da física, cujos domínios se sustentam mutuamente",[31] algumas pesquisas em psicologia acabarão por restringir-se aos aspectos mensuráveis, servindo como apoio ao comportamentalismo, esboçado, por exemplo, na sua análise sobre a vontade e o movimento voluntário, tomados como fenômenos reflexos influenciados pelas lembranças. Esse tipo de

---

[29] Mach 1905, pp. 7-8.
[30] Mach 1886, p. 363.
[31] Mach 1886, p. 341.

complementaridade entre a psicologia e a física levaria à redução da psicologia ao ponto de vista fisicalista.

De um modo geral, Mach compreende que a pesquisa qualitativa é apenas um caso particular, mais simples, da relação quantitativa, e que caberia à ciência substituir, tanto quanto possível, as relações qualitativas pelas relações quantitativas. Mas ele também está ciente de que esse ponto de vista é restrito e de que as análises puramente mecânicas não são suficientes para dar conta dos fenômenos humanos. O objetivo de uma postura redutora do tipo fisicalista, com a aplicação de *abstrações intencionais* ou forçadas, é apenas facilitar o exame de certos fenômenos, mas isso é apenas uma solução parcial. A crítica de Mach a Helmholtz, que teria considerado suficiente se manter no ponto de vista da física, mostra que Mach não aceita essa redução:

> O erro de Helmholtz é, sem dúvida, ter estimado que esta tarefa —que ocupa já muitos psicólogos, fisiólogos e físicos — poderia ser ultrapassada adotando, essencialmente, o ponto de vista da física. De qualquer maneira, seus contemporâneos e amigos, que fundaram com ele, no meio do século passado, a escola de fisiologia física, tiveram também de reconhecer que a pequena porção de física inorgânica da qual nós temos o domínio está longe de representar toda a realidade. Sua obra [*Die Lehre von den Tonempfindungen*] representa um golpe de mestre genial: este livro é a expressão de uma intuição artística, que — seja de maneira simbólica, graças a uma analogia física, uma imagem –, ele nos mostra as vias sobre as quais se deve engajar a pesquisa futura. É em função disso que nós devemos estar atentos, afastando o que deve ser afastado, de não jogar assim fora as aquisições preciosas. Por que razão Helmholtz permanece surdo às críticas, eu ignoro.[32]

A distância que Mach reconhece existir entre os fatos e as teorias (conceitos, hipóteses etc.) faz com que possamos compreendê-lo como defensor de um ponto de vista específico que recusa tanto a idéia de que a teoria expressa a realidade dos fatos, quanto de que a teoria teria supremacia sobre os fatos: "a exposição de Avenarius parte de uma fase *realista*, enquanto a

---

[32] Mach 1886, pp. 306-307.

minha seria mais *idealista*, fase que eu realmente atravessei na minha primeira juventude".[33]

Encontramos em Nagel 1978 [1959] um estudo sobre as maneiras como os cientistas concebem a relação entre seus enunciados e os dados fenomênicos que nos ajuda a compreender o pensamento de Mach. Segundo Nagel, há três concepções cognitivas dos enunciados científicos: a descritivista, a realista e a instrumentalista. Do ponto de vista descritivista há, entre um modelo científico e os dados observados, certas regras de correspondência que possibilitam realizar uma tradução: "a teoria é como uma taquigrafia conveniente para uma classe de fenômenos enunciados da observação".[34] Já no ponto de vista realista, os enunciados teóricos devem expressar a "existência física" ou a "realidade" de seus objetos. Para isso, procura-se explicitar critérios para se afirmar a realidade desses objetos, a saber: que esses objetos sejam percebidos publicamente quando são dadas condições adequadas, que sejam admitidos pela comunidade científica, que figurem em mais de uma lei experimental, que apareçam numa "lei causal" bem estabelecida em termos técnicos ou experimentais – ainda que essa lista de critérios não esgote os sentidos do termo "real" numa discussão sobre a realidade dos objetos científicos. Por fim, o ponto de vista instrumentalista, que supõe não existir regras de correspondência segura entre os dados e os enunciados científicos. Neste ponto de vista, "[a] função da teoria é ajudar na organização dos 'dados brutos' e não resumir ou duplicar os fatos".[35] Nessa classificação de Nagel, fica evidente que Mach pertence ao grupo dos instrumentalistas.

Muitas vezes Mach foi tomado com um idealista, ainda que ele mesmo tenha explicitado que esse erro na interpretação de sua posição não seja culpa sua: "É necessário, antes de tudo, escolher um sistema, e é só então que se pode pensar e falar no interior deste. É assim que, ao me lerem, introduzem facilmente em minhas palavras maneiras de ver convenientes,

---

[33] Mach 1886, pp. 55-56.
[34] Nagel 1978 [1959], p. 143.
[35] Nagel 1978 [1959], p. 130.

ou comumente admitidas, prontas a fazer de mim um idealista, um adepto de Berkeley, até mesmo um materialista etc.: do que eu não me creio culpado".[36]

A preocupação de Mach em reunir as ciências num todo fará também com que ele procure estabelecer um campo de pesquisa diferencial em relação à física, à fisiologia e à psicologia, propondo sua concepção dos *elementos da percepção* como o campo de pesquisa que uniria essas três disciplinas. Mas, para Mach, seus elementos são também uma hipótese heurística que pode ou não, no futuro, ser substituída por uma descrição direta dos fatos. Do seu ponto de vista, sua hipótese sobre os elementos, enquanto unidades das sensações, resolvem bem certos problemas relativos à relação entre o físico e o psíquico, bem como possibilitam integrar outros saberes, de outras disciplinas, contribuindo para um entendimento que se aproxima de uma compreensão ampla do mundo como um todo.

Quando Musil, em 1908, desenvolve sua tese de doutorado sobre Mach, critica justamente os elementos, como um conceito fundamental não claramente definido, algo nem físico nem psíquico, representando a reintrodução de uma entidade metafísica e contradizendo o próprio projeto antimetafísico que Mach se colocara.

A história das ciências mostra o fracasso de Mach no que corresponde à análise das sensações a partir das unidades últimas que possibilitam a apreensão do mundo. Mas esse fracasso não significa que toda a sua obra foi um equívoco; ao contrário, estamos mostrando a importância e a influência de suas posições metodológicas tanto para a construção da psicanálise quanto para a prática científica de uma maneira mais geral.

Mach reconhece que suas posições não esgotam a relação entre os aspectos qualitativos e quantitativos dos fenômenos, relativizando o próprio reducionismo que ele mesmo chega a professar: "Mas os principais problemas restam para mim insolúveis. Pois me é impossível pensar, do ponto de vista em que me coloco, que a multiplicidade qualitativa das sensações

---

[36] Mach 1886, pp. 47-48.

possa vir da variação das ligações e de simples diferenças quantitativas (eu já não o pensava há 40 anos)".[37] Isso nos leva a relativizar a interpretação de Mach como um positivista, mecanicista, que a tudo procurava reduzir a análises quantitativas.[38]

Vemos assim que, em termos metodológicos, Mach é um cientista que concorda com o uso de conceitos que não são empíricos – bem como com o uso de imagens, metáforas, convenções etc., como veremos adiante – enquanto instrumentos heurísticos para o avanço das pesquisas. Ele é prudente em associá-los aos dados necessários da experiência e da observação, mesmo quando esses instrumentos se aproximam de posições um pouco estranhas, por vezes bizarras, desde que não sejam confundidos com os fatos em si mesmos. Eles são apenas construções auxiliares.

No processo de elaboração dessas construções auxiliares ou representações-fantasia (*Phantasie-vorstellungen*), a imaginação e o fantasiar do cientista ocupam um lugar fundamental: "Aquele que reconhece a história do desenvolvimento da ciência ou que tenha, ele mesmo, participado de pesquisas, não pode duvidar de que o trabalho científico pede uma forte imaginação".[39] Quando Mach comenta a presença de conceitos especulativos, presentes no passado e no presente das pesquisas na física, afirma que esses conceitos são *filhos da fantasia*, que devem ser, com o progresso da ciência, eliminados e substituídos, tão logo seja possível, pela descrição dos fatos:

> Pensemos nas partículas da luz de Newton, nos átomos de Demócrito e de Dalton, nas teorias dos químicos modernos [...] e, finalmente, nos

---

[37] Mach 1886, p. 370.

[38] O reducionismo ontológico, ou seja, a compreensão de que tanto o mundo físico quanto o psíquico são classes de sensações, não significa necessariamente um reducionismo metodológico: "[Mach] insistiu muito fortemente, especialmente em seus últimos escritos, sobre a extraordinária eficácia heurística das analogias ousadas e mesmo das construções de pensamento objetivamente de todo implausíveis" (Loparic 1984, p. 61).

[39] Mach 1905, p. 111.

modernos íons e elétrons. As múltiplas hipóteses físicas sobre a matéria, os turbilhões cartesianos e eulerianos, que reaparecem nas novas teorias eletromagnéticas de correntes e turbilhões, os sumidouros e as fontes que levam à quarta dimensão do espaço, as partículas ultramundanas que geram a gravitação etc. etc. poderiam ainda ser mencionadas. Ocorre-me que se trata de uma roda-viva de representações aventureiras modernas que, tal como uma festa das bruxas [*Hexenssabbat*], impõe respeito. Essas filhas da fantasia lutam pela existência na medida em que procuram se sobrepujar mutuamente. Inúmeras dessas florações da fantasia devem ser aniquiladas, pela crítica implacável, tendo em vista os fatos, antes que *uma* delas possa desenvolver-se e ter uma permanência mais longa. Para que se possa avaliar esse processo, é necessário levar em conta o fato de que se trata de reduzir os processos naturais a elementos conceituais mais simples.[40]

Quando Freud tenta elaborar sua primeira teoria geral psicológica sobre as neuroses, ele escreve a Fliess, referindo-se à sua atividade científica de fantasiar (*Phantasieren*): "Nestas últimas semanas, tenho dedicado cada minuto livre a esse trabalho; tenho gastado horas noturnas, das 11 às 2, com fantasias, interpretações e palpites e, invariavelmente, só me detenho quando, em algum momento, esbarro num absurdo ou sinto-me real e seriamente esgotado pelo trabalho [...]".[41]

Também já no fim da vida, em *Análise com fim e sem fim*, ele volta a afirmar a profunda participação das fantasias nas suas formulações teóricas metapsicológicas: "Sem especular nem teorizar – por pouco eu ir dizer fantasiar – metapsicologicamente, não se avança aqui um passo sequer". [42]

Esse tipo de fantasiar ao qual Freud se refere é o mesmo defendido por Mach. Não se trata, portanto, de dar livre curso ao fantasiar com conotações psicoafetivas, transformando a teoria num processo de associação livre guiada pelas representações e intenções inconscientes, mas de colocar a imaginação, controlada, em função da formulação de conceitos e/ou

---

[40] Mach 1905; p. 77.
[41] Freud e Fliess 1986, 25/maio/1895, p. 130.
[42] Freud 1937c, p. 225.

modelos que possam vir a ajudar na resolução de problemas empíricos específicos, aos quais a psicanálise se dedica. Freud não quer que suas teorias sejam confundidas com um texto literário – que nada precisa provar, que não tem necessidade alguma de se haver com os fatos propriamente ditos –, como fica evidente quando comenta o fantasiar do poeta: "Os poetas são irresponsáveis, eles gozam do privilégio da licença poética".[43] Ou seja, eles não precisam prestar contas com a experiência, enquanto Freud tem compromisso e responsabilidades com os objetivos da ciência: "eu sou de opinião que o médico tem deveres não somente em relação ao doente, mas também em relação à ciência. Com relação à ciência quer dizer, no fundo, com relação a muitos outros doentes que sofrem do mesmo mal ou sofrerão".[44]

O fantasiar teórico em Freud, próprio à prática científica tal como Mach defendeu, é, pois, um procedimento racionalmente estabelecido para produzir conceitos que tornem possível a intelecção dos fenômenos.

Em 1937, Freud irá se referir às suas especulações como uma ação necessária da *bruxa* metapsicológica, sem a qual, diz ele, não se avança um passo sequer: "'É necessário que venha a feiticeira'. Entenda-se: a bruxa metapsicologia. Sem especular nem teorizar – por pouco eu ia dizer fantasiar – metapsicologicamente, não se avança aqui um passo sequer".[45]

A bruxa, ou seja, a teorização metapsicológica (especulativa) faz sua entrada quando os meios "naturais" não são mais suficientes, ou seja, quando os fatos forneceram o máximo de explicação possível e, para dar um passo a mais, é necessário recorrer às fantasias metapsicológicas para conseguir uma explicação mais satisfatória. Quando Freud se apóia na citação de Goethe, chamando sua metapsicologia de *"bruxa"*, é possível considerar que Freud também tem Mach no seu horizonte teórico e metodológico, visto que Freud está se referindo clara-

---

[43] Freud 1933a, Lição 32, p. 106.
[44] Freud 1905e, p. 8.
[45] Freud 1937c, p. 225.

mente aos conceitos e pressupostos heurísticos que considera necessários postular (dinâmica, pulsões, inconsciente etc.) para fazer uma ciência do inconsciente (a metapsicologia) apoiada nas *representações-fantasia aventureiras* ou, ainda, noutros termos, na *mitologia dinâmica*.

Há que se marcar, no entanto, a diferença entre o fantasiar heurístico e o fantasiar delirante, sem ligação com os dados da experiência. Mach ressalta quão longe a ciência está da alucinação, quando fala de Goethe: "Pode-se começar uma descoberta científica por uma alucinação? Talvez Goethe tenha feito isso no seu livro *Metamorfose das plantas*. Há raras exceções, mas em geral deve-se aplicar aqui o que eu disse sobre os sonhos. Sou, pela minha experiência, muito familiarizado com as alucinações e os sonhos, e já me aconteceu mais de uma vez encontrar [neles] imagens óticas e musicais susceptíveis de uma aplicação artística. Por outro lado, eu não conheço nenhum caso de descoberta científica feita por alucinação, nem nos grandes exemplos clássicos da história, nem na minha própria experiência".[46]

Fica, pois, cada vez mais evidente, que as especulações teóricas, ou melhor, as ficções heurísticas, em Freud, ocupam um lugar central na teoria psicanalítica, em especial, no que se refere à teoria metapsicológica. Essas especulações não são, para ele, os fundamentos de sua ciência, mas o "cume" de seu edifício teórico,[47] podendo ser substituídos ou abandonados, sem que isso signifique dano para sua psicologia.[48] Para Freud, a parte fundamental da sua doutrina, enquanto ciência empírica, está edificada a partir da observação; são esses fundamentos empíricos (o reconhecimento de processos psíquicos inconscientes, a importância da sexualidade infantil na gênese das neuroses, o complexo de Édipo, a transferência e a resistên-

---

[46] Mach 1905, p. 116.

[47] Por exemplo, quando ele se refere à libido como uma suposta energia especulativa: "É que estas idéias [as de libido do eu e de objeto] não são o fundamento da ciência, sobre o qual tudo repousa: esse fundamento, ao contrário, é somente a observação. Não constituindo as fundações, mas o cume de todo edifício, elas podem, sem prejuízo, ser substituídas e retiradas". Freud 1914c, p. 85. SE, p; ING, p.

[48] Freud 1925d, p. 32.

cia) que estabelecem o caminho seguro para o desenvolvimento da psicanálise. Isso fica claro, por exemplo, quando, no mesmo momento em que é reconhecida a provisoriedade de sua superestrutura especulativa (*Spekulativer Überbau*), Freud diz: "Ainda resta, no entanto, muita coisa que está mais próxima da observação".[49]

3. Do conhecido ao desconhecido: figurações e analogias como guias de pesquisa

Para Mach, o pensamento do cientista não procede por *formas vazias*, mas sim precisa de conteúdos sensíveis, quer dizer, *representados de uma maneira viva* em termos de uma associação com o mundo sensível, ou seja, com conteúdos empíricos.[50] Quando seu pensamento se dirige a algo imediatamente apreensível pelos sentidos, este conteúdo é, evidentemente, fornecido por sua observação enquanto uma apresentação (*Darsterllung*); entretanto, quando o cientista se depara com um problema que a observação empírica não oferece a possibilidade de apreensão sensível direta, é necessário criar artifícios mentais para aproximar-se desses fatos. É nesse sentido que o cientista projeta representações de fatos ou modelos já conhecidos para seu objeto desconhecido.

Em Mach, o uso de comparações, imagens e modelos são figurações para ajudar na compreensão de determinado problema. Elas servem, tal como em Kant, para dar ao pensamento um conteúdo intuitivo a determinados conceitos, princípios ou hipóteses, aplicáveis aos fenômenos; fornecendo ao pensamento uma matéria que torna possível apreender aquilo que até então era inacessível aos sentidos. Mach ressalta sua utilidade: "o emprego consciente de imagens é muito proveitoso. Há fatos que nós percebemos imediatamente pelos sentidos; há outros, dos quais só tomamos conhecimento através de uma observação complicada e com a ajuda de um sistema de reações abstratas [...]. Nós estamos muito mais familiarizados

---

[49] Freud 1925d, p. 32.
[50] Mach 1905, p. 131.

com representações sensíveis intuitivas do que com conceitos abstratos, mas que têm por base representações intuitivas".[51]

A utilidade prática do uso de imagens e metáforas na procura de resolução de problemas é um fato que perpassa a história das ciências. Para dar um exemplo atual de acordo com as posições de Mach, lembremos da estrutura helicoidal do DNA: ela é uma imagem que torna possível não só entender determinados fenômenos da biologia, mas também fornece uma via para uma grande variedade de experiências e aplicações práticas. Nagel considera, inclusive, esse proceder um tipo de habilidade própria ao ser humano, lembrando aqui a associação que Mach faz com Darwin sobre o princípio de economia do pensamento enquanto aquisição do desenvolvimento da espécie: "O difundido uso de metáforas, sejam atuais ou em desuso, dá testemunho de um talento humano em geral para achar semelhanças entre novas experiências e fatos familiares, de modo que o novo possa ser dominado mediante sua inclusão em distinções já estabelecidas".[52]

Ante o desconhecido, o cientista lança mão de imagens, cria conceitos por analogia, e compara sistemas e fenômenos já conhecidos, como artifícios que tornam possíveis avançar nas suas pesquisas sem que seus conceitos girem em falso. O cientista assim procede para tornar suas concepções mais visíveis e inteligíveis. No entanto, é um erro grave esquecer que essas figurações são apenas artifícios que servem para a descoberta – ou seja, têm valor apenas heurístico – e pretender dar a elas o valor de uma representação (*Darstellung*) direta dos fatos. Essas figurações estão sempre propostas dentro de uma estrutura do *como se* ficcional.

Quando o cientista propõe, como hipótese, a idéia de que tal problema ou fato se assemelha com outro, ele está ciente de que suas comparações entre sistemas ou fenômenos têm apenas uma identidade *parcial* e, mesmo assim, esta deve ser verificada. Os fenômenos têm sua singularidade irredutível, mas, ao compará-los, o cientista procura aumentar sua expe-

---

[51] Mach 1905, p. 182.
[52] Nagel 1978 [1959], p. 109.

riência, mas com prudência, pois o que é conveniente para um caso não é necessariamente adequado para outros, ainda que muito próximos.

As comparações analógicas entre os fenômenos psíquicos e os fenômenos pertences a outros domínios – ou, ainda, de um fenômeno psíquico com outros fenômenos psíquicos díspares – são uma constante do texto freudiano. As analogias e metáforas têm, como é fácil observar, uma presença constante nos textos de Freud. Pode-se, inclusive, classificar essas analogias segundo o domínio do qual elas partem, por exemplo: histórico-arqueológico, com paralelo entre uma Roma Fantástica e a conservação dos dados no psiquismo;[53] físico, com a comparação do psiquismo a aparelhos óticos, blocos-mágicos etc.;[54] biológico, no qual se explicita o que é o ego usando a imagem do animal protoplasmático;[55] teológico, com a "identidade" entre a neurose obsessiva e a religião;[56] militar, em que o ego e o id são tomados como dois campos de batalha distintos;[57] financeiro, em que o ego inibido é associado a um especulador com fundos imobilizados etc.; como também as comparações analógicas entre dinâmicas psicopatológicas e a utilização de um raciocínio de indução por analogia.[58]

Mach também analisou o uso das analogias na prática de pesquisa científica. Para ele, ao reconhecer características semelhantes entre fenômenos ou sistemas, o homem de ciência aproxima os dados e tenta estabelecer o máximo de identidades possíveis. Nesse processo de comparação, é possível encontrar características reconhecidas como iguais ou muito próximas. Essas semelhanças constituem identidades parciais, imediata-

---

[53] Freud 1930a, p. 69.

[54] Freud 1900a; 1925d.

[55] Freud 1923b, p. 23.

[56] Freud 1907b.

[57] Freud 1926d, p. 97.

[58] Cf., por exemplo, Freud 1926d, p. 143, onde encontramos a série: a angústia da perda de amor (A) está para a histeria (B) assim como a ameaça de castração (C) está para as fobias (D), da mesma maneira que a angústia de castração (E) está para o obsessivo (F). De maneira formal: A:B::C:D::E:F.

mente perceptíveis. Mas os sistemas e fenômenos nem sempre são facilmente identificáveis como tendo as mesmas características; pelo contrário, o mais comum é o reconhecimento de suas diferenças.

Quando o cientista retira da experiência um complexo de sensações, é também comum que ele complete sua percepção com projeções que vão além da observação direta. A partir de sua experiência acumulada, o cientista realiza, em seu pensamento, o que ocorreria no campo do sensível. Ele o faz tanto em função do que poderia ser observado, como já vimos pela análise das "experiências de pensamento", como também pelos elementos inacessíveis à observação direta: "Esta mesma análise nos mostra também que completar em pensamento os complexos de sensações, procedendo por analogia a partir de elementos inobserváveis, ou a partir de elementos tais que eles não podem, de maneira alguma, ser observados, é um exercício praticado quotidianamente pelo cientista".[59]

Além disso, há nos fenômenos características invisíveis ou inobserváveis, que o constituem de tal maneira que, estas também, podem ser objeto de comparações. É justamente nesses casos, nos quais o que está sendo comparado é de natureza abstrata, que entramos no campo das *analogias*: "A *analogia é um caso particular de similaridade*. Sem que um só caractere perceptível seja idêntico nos dois objetos, pode existir entre os caracteres de um objeto relações que se encontram identicamente entre os caracteres do outro objeto. Pode-se dizer que a analogia é uma similaridade abstrata. A observação sensível imediata pode não descobrir a analogia, esta só se manifesta pela comparação de relações abstratas entre os caracteres dos dois objetos".[60]

Esse procedimento não é nada novo, pelo contrário; assemelha-se mais a uma característica da espécie humana (e dos seres vivos de um modo geral) do que a um método de pesquisa. Ele está presente tanto no homem comum com no de ciência, mas, neste último, é necessário enunciar sua prática de forma racional e universal.

---

[59] Mach 1886, p. 43.
[60] Mach 1905, p. 162.

Quando o cientista propõe uma analogia, que pode se denominar uma hipótese, também estabelece um conjunto de condições para a sua verificação. A pesquisa pode, então, prosseguir em função de um novo arranjo experimental: por uma verificação direta ou indireta de sua hipótese, por meio da verificação dos efeitos que seriam esperados caso a hipótese comparativa se mostre adequada. Não é necessário que a analogia seja completa, nem totalmente correta, pois, mesmo imprecisa, ela serve para a busca de novas relações ainda desconhecidas: "enfatizamos novamente que as analogias incompletas [nas quais não há correspondência direta para todos os termos da equação analógica: A está para B assim como B está para C] podem promover a investigação, revelando diferenças nos campos que estão sendo comparados".[61]

Retoma-se, assim, mais uma vez, a condição da ciência de retorno constante aos fatos para que as hipóteses possam ser confirmadas ou refutadas por estes. Para o filósofo e o artista, as coisas não se passam dessa maneira; suas formulações, em termos do uso de imagens, comparações por semelhança e analogias, não encontram a mesma constrição que o cientista é obrigado a submeter-se, confrontando essas formulações aos fatos.

Em Freud temos a mesma constrição. Ainda que o objeto da psicanálise seja um inconsciente concebido em termos dinâmicos, animado por forças psíquicas (pulsões) e, nesse sentido, incognoscível diretamente, ou seja, impossível de ser observado diretamente, o cientista-psicanalista deve contentar-se com a verificabilidade de seus efeitos. O comentário de Freud sobre os poetas parece apontar para a mesma exigência de comprovação que o psicanalista tem a responsabilidade de realizar: "os poetas são irresponsáveis, eles gozam do privilégio da licença poética".[62]

As analogias são utilizadas tanto na apreensão de fenômenos específicos mais ou menos isolados quanto na proposição de uma teoria geral para a explicação de um problema mais geral, enquanto um modelo para

---

[61] Mach 1905, p. 169.
[62] Freud 1933a, Lição 32, p. 106.

seu entendimento. É o caso, por exemplo, da tentativa de entender a propagação do calor no escoamento dos líquidos. Alguns desses modelos foram frutíferos e adequados, enquanto outros se mostraram errôneos e até mesmo nocivos, como comenta Nagel: "a teoria corpuscular da luz foi construída segundo a imagem de projéteis que se movem ao longo de uma reta uniforme homogênea; e há razões para pensar que essa imagem atrasou o descobrimento da periodicidade da luz. Por outro lado, a teoria ondulatória da luz se baseou inicialmente no modelo das ondas sonoras, e a idéia de que a luz, como o som, é um movimento ondulatório longitudinal foi um obstáculo, ao que parece, para as posteriores extensões da teoria ondulatória da luz durante quase um século, até que, com a adoção de um modelo diferente para as ondas luminosas, se supôs que estas são transversais".[63]

Os modelos, de uma forma geral, incluso os propostos por meio de analogias, são heuristicamente valiosos, pois sugerem maneiras para ampliar as teorias sobre os fenômenos e suas relações, bem como tornam possível procurar a correspondência entre as hipóteses e os dados da experiência.

Para Freud, as analogias são também guias de pesquisa; elas servem tanto para tornar visível um processo ou dinâmica que, de outra maneira, seria difícil de ser entendido, como um indicador do que deve ser procurado, partindo-se do que já se sabe num outro domínio. Freud também tem pleno conhecimento da precariedade desse instrumento; não obstante, toma-o como sendo de grande utilidade: "Emprego aqui uma série de comparações que têm apenas uma vaga semelhança com o tema com o qual me ocupo e que não são compatíveis entre si. Reconheço isso e, de forma alguma, arrisco subestimar-lhes o valor, mas, se prossigo com esses paralelos, é para tornar compreensível, por diversas aproximações, as idéias extremamente complicadas e nunca antes expostas. Concedo-me assim a liberdade de continuar, nas páginas seguintes, a servir-me dessas comparações, tão discutíveis quanto possam ser".[64]

---

[63] Nagel 1978 [1959], p. 116.
[64] Freud 1895d, p. 291.

Trata-se, para ele, de projetar alguma luz intelectiva onde reina a obscuridade, onde a observação não pode chegar e é necessário algo mais: "Será sobretudo necessário explorar outras zonas obscuras da vida psíquica. Somente as analogias que aí encontramos dão-nos a coragem de expandir as hipóteses que são requeridas para uma elucidação mais aprofundada dos atos falhos".[65]

As analogias em Freud podem ser interpretadas como um instrumento de pesquisa – de uso corriqueiro em outras ciências – e não como uma especificidade do seu pensamento, um tipo de estilo que marcaria uma ruptura com os cânones epistemológicos de sua época. Isso não retira a habilidade de escritor que todos reconhecem em Freud, mas mostra que essa aptidão está em função de certos objetivos claramente definidos pelos modelos do fazer científico que lhe serviram de formação e referência.

---

[65] Freud 1916-17, p. 67.

Capítulo 6

Diferenças entre o empirismo de Mach e o de Freud

O empirismo de Mach, centrado nos elementos da percepção, o leva a defender o fato do cientista poder se abster, no futuro, de todo e qualquer artifício metafísico para a edificação da teoria científica. Nesse sentido, Mach oscila entre um ponto de vista heurístico, momentaneamente necessário, em que se admite o uso de certas especulações – tais como a de força, átomo, massa etc. –, e o desejo de que, com o progresso da ciência, essas convenções possam ser substituídas por uma análise das relações funcionais entre os fenômenos (fenômenos estes que nada mais são do que as sensações dadas ao sentido externo, constituindo o sentido de realidade ou mundo externo, e ao sentido interno, constituindo o sentido de mundo interno, sensações às quais ele denominou de *elementos*, que são, por sua vez, as unidades últimas e intransponíveis do entendimento humano). Por um lado, mantém-se a concepção heurística, pois os elementos da percepção são, em última instância, dependentes da constituição de nosso próprio modo de conhecer, mas, ao tomar as sensações como a última e única realidade, reconhecendo nelas algo de não-metafísico, essas próprias "unidades das sensações" se apresentam como uma "construção intelectual". A tese de Robert Musil *Para uma avaliação das doutrinas de Mach*, de 1908, debateu esse aspecto do problema, criticando Mach por ter reintroduzido a metafísica na ciência pela porta dos fundos com a sua proposição dos "elementos".

Quando Mach elogia o trabalho de Hertz – que propõe uma "mecânica axiomática" que abandona o conceito de força –, é justamente essa concepção futura, pretensamente não-metafísica, que ele tem em mente, supondo que, com essa nova mecânica, começam a ser dados passos nessa direção.

Mach identifica, inclusive, seu princípio de economia com a "exigência de comodidade" preconizada por Hertz,[1] mas não se colocará totalmente de acordo com as suas propostas sobre a teoria do conhecimento, apresentando uma crítica que parece recolocar Mach num ponto de vista "realista" no seu modo de entender a relação entre a teoria e os fatos empíricos: "Mas nosso ponto de vista, que não está de acordo nem com o de Kant nem com as concepções mecânico-atomistas da maior parte dos físicos, nos força, evidentemente, a modificar a posição destes. As "imagens" (ou talvez, melhor, os conceitos), que nós nos fazemos sobre os objetos, devem ser escolhidas de tal maneira que suas "conseqüências mentais necessárias" correspondam às "conseqüências naturais necessárias" dos objetos eles mesmos".[2]

Mach admite que os cientistas necessitam, por um momento, criar certas "imagens" (convenções) para poderem apreender as relações entre fenômenos: no entanto, estas exigirão uma concordância lógica, tanto entre si como entre elas e os próprios fenômenos, o que, com o tempo e a comprovação empírica, eliminariam a arbitrariedade dos conceitos "metafísicos" auxiliares: "Nossos conceitos foram de fato *eles mesmos criados*, mas essa criação não é, por isso, totalmente *arbitrária*; ela se enraíza numa *luta pela adaptação* ao entorno sensível. A concordância mútua dos conceitos é uma exigência lógica necessária, exigência que é mesmo a *única* que nós conhecemos. A crença numa necessidade natural só se mostra a partir do momento em que nossas concepções da natureza foram suficientemente adaptadas para fazer concordar suas conseqüências com os fenômenos".[3]

---

[1] Mach 1883, p. 549.

[2] Mach 1883, p. 548.

[3] Mach 1883, p. 549.

A oscilação, em Mach, entre a admissão de conceitos heurísticos e a condenação a toda metafísica está guiada pela idéia de que tudo aquilo que for supérfluo deverá ser eliminado pelo desenvolvimento da ciência, e, no futuro, espera-se, que esta se encontre totalmente livre da metafísica; mas, até lá, é admissível certas convenções, como as forças, e certas mitologias, como a dinâmica.

Nesse contexto empírico de Mach, encontramos uma série de concepções específicas que se opõe ou se distanciam das concepções freudianas. Coloquemos alguma delas em evidência para, depois, comentarmos os aspectos gerais que distanciam e aproximam um autor e outro em seus empirismos.

De acordo com Mach, não faz nenhum sentido "falar de sobrevivência das representações fora do domínio da consciência", a não ser enquanto um modo alusivo de referir-se a certos processos próprios ao sistema nervoso central; mesmo assim, seria perigoso, pois com isso se retoma uma concepção dualista contrária às suas concepções.[4] Ao comentar, nesse mesmo sentido, uma explicação dada a certas paralisias como expressão de processos inconscientes, Mach reitera o quanto lhe parece supérfluo e duvidoso essa hipótese, preferindo creditar a esses processos uma realidade corpórea: "Eu não poderia subscrever a explicação dos fenômenos de paralisia dos músculos oculares dada por [William] James que, na sua forma ao menos, parece nos levar às brumas duvidosas das "conclusões inconscientes". Nos casos citados, trata-se propriamente de sensações, e não do resultado de uma reflexão".[5]

Para Mach, o psiquismo corresponde à nossa consciência e seus conteúdos, além do que nada, a não ser o corpo, deve ser suposto. O nosso psiquismo, segundo Mach, pode ser identificado ao nosso "eu", que tem uma realidade propriamente psíquica denominada nossa consciência – "eu acho que meu Eu se reduz ao complexo conteúdo concreto de minha

---

[4] Mach 1886, p. 55.
[5] Mach 1886, p. 179.

consciência"[6] – e outra realidade que é sensorial, dada pelo nosso corpo – "O Eu é um organismo psíquico, ao qual corresponde um organismo físico".[7] No psiquismo, supor algo além da consciência é totalmente impróprio: "As representações não se comportam como os elementos do [mundo] físico [dadas, então, como sensações apreendidas pelos sentidos externos], elas são ligadas umas às outras por associações etc. Nós não experimentamos a necessidade de ter atrás deste mecanismo alguma coisa não conhecida e incognoscível que não nos ajudaria em nada numa compreensão melhor. Atrás do eu há sempre alguma coisa quase *inexplorada*: é o nosso corpo. Mas toda nova observação psicológica ou fisiológica nos faz conhecer melhor o eu".[8]

Mach reconhece, no entanto, que a consciência não se apresenta como uma forma harmônica integrada, afirmando que "é inútil insistir sobre a unidade da consciência",[9] o que condena, ao mesmo tempo, a unidade do eu: "A psicologia e a psicopatologia nos ensinam que o 'eu' cresce e se enriquece, se empobrece e se retrai, torna-se estrangeiro a ele mesmo e se cinde; numa palavra, ele pode se transformar significativamente no curso de sua existência".[10] Nesse sentido, Mach parece aproximar-se bastante de Hume – considerando o eu um conjunto de vivências, de representações, que nada mais é do que só uma unidade convencional, um puro nome – quando considera que o eu é tão estável, em termos absolutos, quanto os corpos, afirmando que: "Sem dúvida, o eu só tem uma estabilidade *relativa*. A aparente estabilidade do Eu reside principalmente na *continuidade*, na lentidão com que ele se transforma".[11]

Mach também tece comentários sobre outro tema fundamental a Freud: os sonhos. Ao fazer uma descrição de como estes se apresentam,

---

[6] Mach 1905, p. 359.

[7] Mach 1905, p. 360.

[8] Mach 1905, pp. 7-8.

[9] Mach 1886, p. 27.

[10] Mach 1886, pp. 356-357.

[11] Mach 1905, pp. XXXI-XXXII.

fenomenologicamente falando, comenta que são efeito de sensações corporais: "No sonho, as idéias tomam caminhos os mais surpreendentes. Mas o caminho das associações, em todo caso, é particularmente difícil de seguir, em parte porque as lembranças que o sonho deixa são incompletas, em parte porque a sensações leves daquele que dorme são freqüentemente uma causa de perturbação".[12]

Mach comenta também que há um tipo de consciência no sonho, mas esta estaria muito mais do lado dos processos corporais animais do que do mundo psíquico das representações humanas: "há também uma consciência no sonho, uma consciência hipnótica, uma consciência estática, uma consciência animal com diferentes graus".[13]

E, por fim, quanto à vida psíquica do homem adulto e à sexualidade, Mach não admitiria nesta última o motor condutor das ações humanas, muito menos a consideração de que se pudesse falar numa sexualidade infantil, reconhecendo, no máximo, no período inicial da infância, um impulso de autoconservação ligado às sensações corpóreas: "Por causa de sua intensidade e de sua clareza, a *vida intelectual* aparece ao homem *adulto* que analise seu Eu como *o mais importante* conteúdo do *Eu*. Também é assim para um indivíduo em crescimento. A criança de alguns meses é ainda dominada por suas *sensações orgânicas*. A *necessidade de alimento* é mais poderosa e o mais ativa. A *vida dos sentidos* e, mais tarde, a *vida de representação* se desenvolvem pouco a pouco. É só tardiamente que aparece a necessidade sexual".[14]

Para Mach, *entre* a consciência e o corpo não é possível admitir nenhum outro elemento; eles são, na verdade, a expressão de uma mesma unidade. A concepção monista e antimetafísica de Mach condena, de forma radical, introdução de alguma outra instância: "Não se pode pensar em dois mundos que seriam independentes um do outro, que só seriam reunidos por uma ligação muito fraca. A ligação desses dois mundos por um *terceiro*

---

[12] Mach 1905, p. 28.
[13] Mach 1905, p. 359.
[14] Mach 1905, pp. 46-47.

mundo *não conhecido* (!) não tem, por outro lado, absolutamente nenhum sentido como explicação. Tais explicações perderam, esperamos, para sempre, todo o crédito".[15]

Em Freud, porém, encontramos uma série de concepções que se colocam na direção contrária às de Mach. Começando pela hipótese central, de acordo com Freud o psiquismo não pode ser reduzido a sua esfera consciente, mas a uma outra instância psíquica – movida por forças psíquicas, pulsões, "um conceito-limite entre o psiquismo e o somático"[16] – denominada inconsciente. Essa seria uma hipótese necessária, ainda que tão incognoscível quanto a "coisa em si" kantiana,[17] que tornaria possível compreender o mundo psíquico em função de um dinamismo de forças psíquicas, reconhecendo a existência de conflitos, resistências etc. O inconsciente seria, então, um mundo intermediário entre o corpo e o mundo das representações: "O inconsciente é certamente o verdadeiro intermediário entre o somático e o psíquico, talvez ele seja o *missing link* [elo faltante] tanto procurado".[18]

Todas as outras concepções – relativas à natureza dos sonhos (resultado de conflitos entre instâncias psíquicas), à importância da sexualidade (em especial a sexualidade infantil), à hipótese do "eu" como no meio de um conflito entre instâncias (supereu, eu, id) e à concepção de um "eu" cindido[19] – estão na contramão das idéias de Mach. Com esses dados, fica fácil entender por que Mach reage com um certo desdém em relação à *Interpretação dos sonhos*, como comenta o próprio Freud: "De Mach, eu sei que ele me fez enviar-lhe a *Interpretação dos sonhos* e que ele a colocou de lado, franzindo a testa".[20]

---

[15] Mach 1905, p. 358.

[16] Freud 1905d, p. 167.

[17] Freud e Binswanger 1995, p. 188.

[18] Freud 1960a, carta a Georg Groddeck de 19/06/1917, p. 177.

[19] Ainda que a não-unidade do eu em Mach possa servir como uma referência longínqua, estímulo imaginário, às concepções que Freud vai elaborar, em especial a partir dos anos 20, em particular quando levanta a hipótese da "cisão do eu" (veja, por exemplo, em Freud 1927e, p.157; 1940a, pp. 202-204).

[20] Freud & Ferenczi 1996, 26/11/1915, p. 104.

O que Freud parece apreender e utilizar são as concepções gerais de Mach sobre o ponto de vista heurístico na ciência, suas análises sobre a natureza e função da ciência, bem como certos aspectos de sua metodologia de pesquisa, em especial no que diz respeito ao uso de fantasias teóricas (convenções, modelos etc.) que auxiliam o pesquisador na descrição, ordenação e teorização dos fatos (empíricos) e na explicação das relações de determinação recíproca entre estes fatos.

Também difere Freud e Mach a necessidade, para Freud, de *construções auxiliares* especulativas: "A vida tal qual nos é imposta é muito dura para nós, ela nos traz muitas dores, decepções, tarefas insolúveis. Para suportá-la, não podemos ficar sem remédios sedativos. (Isto não se passa sem construções auxiliares, nos diz Theodor Fontane.) Esses remédios são possivelmente de três tipos: potentes diversões que nos permitem fazer pouco caso de nossa miséria, satisfações substitutivas que a diminuem, estupefações que nos tornam insensíveis a ela. Alguma coisa dessa espécie, seja ela qual for, é indispensável. São essas diversões que busca Voltaire quando dá, como acordo final a seu *Cândido*, o conselho de cultivar seu jardim; *a atividade científica, ela também, é uma diversão*".[21]

Sem essas *construções auxiliares*, que Freud identifica a *ilusões*,[22] ou seja, sem certas formulações especulativas – que acabam por constituir a própria metapsicologia –, não é possível que a ciência progrida. Evidentemente, essas especulações devem ser controladas pelos dados empíricos; Freud não se cansa de dizer que a psicanálise é fruto de um "número incalculável de observações",[23] mas só elas não são suficientes, deve-se acrescentar a bruxa metapsicologia, *sem a qual não se avança um passo sequer*.[24]

Segundo Mach, o uso de convenções, modelos auxiliares e mitos (dinâmica) são apenas provisórios; eles deverão ser, tão logo seja permitido o acesso aos fenômenos empíricos, abandonados como supérfluos. O que

---

[21] Freud 1930a, p. 76. Os itálicos são meus.
[22] Freud 1930a, p.75.
[23] Freud 1940a, Preface.
[24] Freud 1937c, p. 225.

diferencia essa concepção heurística de Mach de Kant, expressa na primeira *Crítica* – quando este apresenta a função dos conceitos puros da razão (as *idéias*) como conceitos absolutamente necessários para a realização da pesquisa científica – são o fato de as idéias não terem referente empírico que lhes correspondam; elas são apenas entes da razão, são idéias que têm idéias como referentes.

Como exemplos desses conceitos, analisados pelo próprio Kant, podemos citar: 1) o conceito de *Natureza* como uma totalidade à qual pertencem todos os fenômenos e, nesse sentido, como dependentes das mesmas leis gerais, ou seja, as leis de relação de causa e efeito fornecidas pelos conceitos *a priori* do entendimento e 2) o conceito de *força motriz originária* como sendo uma causa primeira, anterior à qual nenhuma causa deve ser suposta, caracterizando um ponto de vista denominado dinâmico, que, por sua vez, é tomado pelo cientista como um princípio *a priori* que guia suas tentativas de explicar como os fenômenos são produzidos. Para Kant, toda ciência da natureza está assentada sobre uma metafísica da natureza, que sempre será necessária.

Essa diferença entre Kant e Mach, quanto ao lugar das especulações nas ciências naturais – um defendendo a sua necessidade enquanto uma condição de possibilidade e outro, como uma necessidade apenas provisória –, pode explicar por que Freud considera a metapsicologia, a parte especulativa da teoria psicanalítica, tanto substituível quanto necessária. No que diz respeito a uma metapsicologia que "descreverá" os fenômenos psíquicos em termos dinâmicos (apoiando-se na noção de força), econômicos (supondo energias psíquicas que se distribuem) e tópicos (com a ficção de um aparelho psíquico dividido em instâncias), Freud é kantiano; ele considera que, sem esse tipo de especulação, "não se avança um passo sequer".[25] Entretanto, no que diz respeito aos conteúdos específicos dessas "descrições", às forças que devem ser supostas, às energias e às instâncias a serem consideradas, todos esses conteúdos da metapsicologia estão abertos e dispostos a serem sacrificados ou trocados "sem dano nem remorso, a partir do momento em que uma insuficiência é constatada".[26]

---

[25] Freud 1937c, p. 225.
[26] Freud 1925d, p. 32.

Considerações finais

Espero ter demonstrado que Freud usa de Mach não só um vocabulário epistemológico, mas também que ele partilha com Mach de diversas concepções gerais que caracterizam quais são os objetivos das ciências empíricas, bem como alguns de seus métodos para o desenvolvimento de pesquisas. Tanto um como outro têm modos semelhantes de falar sobre as diferenças entre a filosofia e a ciência, concebendo esta última como uma prática de resolução de problemas que pode utilizar-se de conceitos especulativos para auxiliar na busca de relações empíricas entre os fenômenos, na condição de jamais esquecer de que essas construções auxiliares são fantasias teóricas ou ficções heurísticas.

Mostrei que quando Freud defende a incompletude das suas teorias, a distinção radical entre a psicanálise e a filosofia, o uso de analogias, a utilidade de conceitos que são apenas convenções, a caracterização das forças e do ponto de vista dinâmico como sua "mitologia das pulsões", que são como elementos próprios a uma festa das *bruxas*, tudo isso tem ecos e soa, por vezes, como paráfrases do texto de Mach. Isso não significa um tipo de semelhança longínqua, mas a adoção de pontos de vista próprio a uma determinada linha de pesquisa, desposada por esses dois autores. Essa orientação comum, na qual também podem ser inseridos os nomes de Fechner, Helmholtz e Brentano, tem um mesmo pólo de influência inicial, a saber: o programa de pesquisa para as ciências empíricas analisado por Kant na *Crítica da razão pura*.[1]

---

[1] No meu livro, *O método especulativo em Freud* (Fulgencio, 2008), analisei as características desse projeto de pesquisa kantiano para as ciências empíricas.

Na perspectiva kantiana a ciência é considerada como uma prática de pesquisa heurística, fundada sobre uma *metafísica da natureza*, na qual o uso de conceitos especulativos – dentre os quais o ponto de vista dinâmico e a noção de forças, tem um lugar central – estão em função da resolução de problemas empíricos. Para Kant, o lugar a ser dado a uma psicologia empírica deve ser um análogo ao da física empírica, o que implica dizer que a psicologia também estaria edificada sobre o mesmo solo da *metafísica da natureza*, utilizando-se dos mesmos princípios e/ou conceitos a priori, dentre os quais alguns especulativos, que guiam as pesquisas na física empírica.

Essa interpretação torna possível entender a estrutura epistemológica e metodológica que serviu de base a Freud para a construção da psicanálise, considerando-o como um homem inserido no seu contexto histórico e intelectual, próprios à ciência e filosofia alemãs, no qual ele foi formado.

Por um lado, a compreensão da psicanálise freudiana, a partir desses parâmetros aqui analisados, leva à considerar a psicanálise como uma ciência que tem problemas empíricos a resolver, que as suas teorias estão em função desses problemas e não têm o objetivo de fornecer, de maneira alguma, uma teoria que sirva para dar conta de todo tipo de problema, uma doutrina que seja uma "visão de mundo".

A articulação entre problemas a resolver e teorias especulativas abre um novo caminho para avaliar a validade e utilidade das teorias metapsicológicas – ou seja, a parte especulativa teoria psicanalítica –, e isso já para além mesmo de Freud, pois não se tratará mais, nessa perspectiva, de perguntar sobre a verdade (correspondência adequada entre a teoria e seus referentes fenomênicos) da metapsicologia, mas tão somente sobre seu valor heurístico, sua utilidade na resolução de certos problemas.

As influências dos alguns dos pontos de vista defendidos por Mach, na obra de Freud, ajuda-nos a compreender melhor certos aspectos da doutrina psicanalítica, tal como ela foi fundada. Explicitado o quadro sobre o qual a psicanálise é construída, enquanto uma ciência da natureza, bem como a especificação e a função de suas especulações teóricas, podemos retomar a discussão sobre a cientificidade da psicanálise. Seja no que diz respeito à sustentabilidade ou não da doutrina psicanalítica no quadro das ciências naturais, organizando uma discussão face às críticas ou análises feitas por autores tais como Popper, Kuhn, Grünbaum e todos os outros, psicanalistas ou epistemólogos, que se debruçam sobre essa questão; seja no que diz respeito às críticas feitas à psicanálise no que diz respeito a sua própria inserção no campo das ciências naturais, levando em conta as posições críticas tanto de filósofos, tais como Wittigenstein, Heidegger, quanto de psicanalistas, tais como Fairbairn, Guntrip, Hartman, Roy Schafer e Winnicott.

Tabela de Correspondência

1. Obras de Mach utilizadas, em inglês e em francês

Mach, Ernst (1883b). *The Science of Mechanics. A Critical and Historical Account of Its Development.* Chicago and London: The Open Court Publishing Company, 1919.

_____ (1883a). *La Mécanique. Exposé historique et critique de son développement.* Paris: Éditons Jacques Gabay, 1987.

Mach, Ernst (1886a). *The Analysis of Sensations, and the Relation of the Physical to the Psychical.* Chicago and London: The Open Court Publishing Company, 1914.

_____ (1886b). *L'analyse des sensations. Le rapport du physique au psychique.* Nîmes: Éditions Jacqueline Chambon, 1922.

_____ (1905). *Knowledge and Error. Sketches on the Psychology of Enquiry.* Dordrecht-Holland / Boston-USA: D. Reidel Publishing Company, 1976.

_____ (1905). *La conaissance et l'erreur.* Paris: Flammarionn, 1922.

The Science of Mechanics   1883

Página INGLÊS	Página FRANCÊS	Página INGLÊS	Página FRANCÊS
IX	1	252	
5	12	255	250
6	13	465	435
7		466	
9	17	481	449
35	41	482	450
36	42	490	457
42	47	492	459
78	76	497	467
79	77	498	
80	78	505	477
84	81	512	16
85	82		17
130	122	523	126
141	133	548	250
142	134	549	251
159	151	550	252
160		551	253
193	188	552	254
237	230	553	255
238		554	256
246	242	555	
251	246	580	460

The Analysis of Sensations   1886

Página INGLÊS	Página FRANCÊS	Página INGLÊS	Página FRANCÊS
2	2	84	79
6	11	85	
22	24	88	82
27	29	89	83
28		90	84
30	31	91	85
31	32	98	90
33		101	93
37	37	179	159
43	43	207	159
47	47	208	
49	49	210	186
50		264	232
55	54	306	269
56		307	
60	59	310	272
61	60	312	274
81	77	313	275
82		314	
83	78	316	278

Knowledge and Error   1905

Página INGLÊS	Página FRANCÊS	Página INGLÊS	Página FRANCÊS
XXXI	7	116	171
XXXII	8		175
XXXIII	9	127	188
	10	128	
1	12	131	194
2	14	146	211
3	15	162	227
5	18	169	236
6	20	173	239
7	23	176	242
8	24		243
	25	178	245
9	26		246
10	27	182	251
11			252
20	41	185	253
28	52	194	245
46	79	197	267
47		208	277
77	113		278
81	119	212	281
92	132	213	299
93	133	223	
	134	354	374
	135	355	377
97	143	356	
98		358	381
103	153		382
110	163	359	384
111	165	360	385
113	167		386

Referências bibliográficas

Assoun, Paul-Laurent 1981: *Introduction à l'épistemologie freudienne*. Paris, PUF, 1990.

_____ 1985a: "Étude-Préface. Musil, lecteur de Mach". In: Musil 1985 [1908], pp ._____ 1985b: "Étude-Posface. De Mach a la Philosophie-sans-qualités". In: Musil 1985 [1908].

_____ 1993: *Introduction à la métapsychologie freudienne*. Paris, PUF, 1995.

_____ 2001: *La métapsychologie. Que sais-jeu?* Paris, PUF.

Banks, Erik C. (2003). *Ernst Mach's World Elements*. Dordecht/Boston/London: Kluwer Academic Publishers.

_____. (1972). *Ernst Mach: His Life, Work, and Influence: University of California Press*. Berkeley - Los angeles - London: University of California Press.

_____. (Ed.). (1992a). *A Deeper Look: Documents and New Perspectives*. London: Springer.

_____. (Ed.). (1992b). *Ernst Mach - A Deeper Look. Documents and New Perspectives*. Dordrecht / Boston / London: Kluwer Academic Publishers.

_____., Itagagi, R., & Tanaka, S. (Eds.). (2001). *Ernst Mach's Vienna 1895-1930. Or Phenomenalism as Philosophy of Science*. Dordrecht/Boston/London: Kluwer Academic Publishers.

_____, Itagagi, Rryoichi, & Tanaka, Setsuko (Eds.). (2009). *Ernst Mach's Philosophy. Pro and Con*. Bethesda and Tokyo: Sentinel Open Press.

Blüh, Otto. (1970). Ernst Mach - His life as a Teacher and Thinker *Ernst Mach. Physicist and Philosopher* (pp. 1-22). Dordrecckt - Holland: D. Reidel Publishing Company

Blum, Vera L. 1998: *O estatuto das entidades à luz da teoria kantiana das idéias*. Campinas, CLE.

Borch-Jacobsen, Mikkel, & Shamdasani, Sonu (Eds.). (2012). *Os arquivos Freud. Uma investigação acerca da história da psicanálise*. São Paulo: Editora Unesp.

Brian, Denis 1998 [1996]: *Einstein. A ciência da vida.* São Paulo, Ática.

Cohen, Morris y Nagel, Ernest 1968: *Introductión a la lógica y al método científico.*

Lógica formal. v. I. Buenos Aires, Amorrortu.

Cohen, Robert S. (1970). Ernst Mach : Physics, Perception and the Philosophy of Science *Ernst Mach. Physicist and Philosopher* (pp. 126-164). Dordreccht - Holland: D. Reidel Publishing Company.

_____, & Seeger, Raymond J. (Eds.). (1970). *Ernst Mach. Physicist and Philosopher.* Dordrecht - Holland: D. Reidel Publishing company.

Davies, J. Keith, & Fichtner, Gerhard (Eds.). (2006). *Freud's Library. A Comprehensive Catalogue.* London: The Freud Museum & Tübingen.

Descartes, Renè 1975: "Correspondance III Janvier 1640-1643". In: *Oeuvres de Descartes.* Publicado por Charles Adam e Paul Tannery. Paris, Vrin.

Einstein, Carl 1926: Ethnologie de l'art moderne. Marseille, André Dimanche Éditor, 1993.

_____ e Kahnweilwe, Davi-Henry 1993: *Correspondance 1921-1939.* Marsille, André Dimanhce Éditeur.

Einstein, Albert. (1916). Ernst Mach by A. Einstein [obtuary]. In J. T. Blackmore (Ed.), *Ernst Mach - A Deeper Look. Documents and New Perspectives.* Dordrecht / Boston / London: Kluwer Academic Publishers, 1992.

_____. (1944). Remarks on Bertrand Russell's Theory of Knowledge". In P. A. Schilp (Ed.), *The Philosophy of Bertrand Russell* (pp. 289-291): Open Court: La salle, 1989.

_____. (1949). Autobiographical Notes *Albert Einstein Philosopher-scientist, Part One* (pp. 2-94): Open Court: La salle, 1982.

Ellenberger, Henri F. 1970: *Histoire de la découverte de l'inconscient.* Mesnil-sur-l'Estrée, Fayard, 1994.

Ferenczi, Sandor 1974a: *Psychanalyse III, Oeuvres Complètes 1919-1926.* Paris, Payot.

_____ 1974b [1924]: "Thalassa. Esssai sur la théorie de la génitalité", in Ferenczi 1974a.

_____ 1974c [1919]: "La psychogenèse de la mêcanique", in Ferenczi 1974a.

Frank, Philipp. (1970). Ernst Mach and the Unity of Science *Ernst Mach. Physicist and Philosopher* (pp. 234-244). Dordreccht - Holland: D. Reidel Publishing Company.

Frank, Philipp. (1970 [1962]). Phillipp Frank largely by himself (T.S. Kuhn Interview). In J. T. Blackmore, R. Itagaki & S. Tanaka (Eds.), *Ernst Mach's Vienna 1895-1930* (pp. 61-84). Dordrecht / Boston / London: Kluwer Academic Publishers.

Freud, Sigmund.[1] (1895d). Fräulein Anna O, Case Histories from Studies on Hysteria. *The Standard Edition of the Complete Psychological Works of Sigmund Freud* (Vol. 2, pp. 21-47).

―――――. (1900a). The Interpretation of Dreams. *The Standard Edition of the Complete Psychological Works of Sigmund Freud* (Vol. 4, pp. 1-627).

―――――. (1901b). The Psychopathology of Everyday Life. *The Standard Edition of the Complete Psychological Works of Sigmund Freud* (Vol. 6, pp. 1-296).

―――――. (1905d). Three Essays on the Theory of Sexuality. *The Standard Edition of the Complete Psychological Works of Sigmund Freud* (Vol. 7, pp. 125-246).

―――――.. (1905e). Fragment of an Analysis of a Case of Hysteria. *The Standard Edition of the Complete Psychological Works of Sigmund Freud* (Vol. 7, pp. 3-122).

―――――. (1907b). Obsessive Actions and Religious Practices. *The Standard Edition of the Complete Psychological Works of Sigmund Freud* (Vol. 9, pp. 116-128).

―――――. (1912b). The Dynamics of Transference. *The Standard Edition of the Complete Psychological Works of Sigmund Freud* (Vol. 12, pp. 98-108).

―――――. (1912d). On the Universal Tendency to Debasement in the Sphere of Love (Contributions to the Psychology of Love II). *The Standard Edition of the Complete Psychological Works of Sigmund Freud* (Vol. 11, pp. 178-190).

―――――. (1912g). A Note on the Unconscious in Psycho-Analysis. *The Standard Edition of the Complete Psychological Works of Sigmund Freud* (Vol. 12, pp. 257-266).

―――――. (1912x). Totem and Taboo. *The Standard Edition of the Complete Psychological Works of Sigmund Freud* (Vol. 13, pp. 1-162).

---

[1] A classificação bibliográfica dos textos de Sigmund Freud seguiu a proposta feita por Etcheverry (1970), que substitui a "Chronological Hand-List of Freud's Work" preparada por A. Tyson e J. Strachey (1956, *Int. J. Psyhcolo-Anal.*, 37, 19). Os textos que não constam na lista de Etcheverry foram incluídos seguindo a mesma lógica de classificação utilizada por ele.

Freud, Sigmund. (1912x). Totem et tabú *Sigmund Freud. Oeuvres complètes. (OCF.P)* (Vol. 11, pp. 189-385). Paris: PUF.

―――――. (1913j). The Claims of Psycho-Analysis to Scientific Interest. *The Standard Edition of the Complete Psychological Works of Sigmund Freud* (Vol. 13, pp. 164-190).

―――――. (1914c). On Narcissism. *The Standard Edition of the Complete Psychological Works of Sigmund Freud* (Vol. 14, pp. 69-102).

―――――. (1915c). Instincts and their Vicissitudes. *The Standard Edition of the Complete Psychological Works of Sigmund Freud* (Vol. 14, pp. 105-140).

―――――. (1915e). The Unconscious. *The Standard Edition of the Complete Psychological Works of Sigmund Freud* (Vol. 14, pp. 161-215).

―――――. (1916x). Introductory Lectures on Psycho-Analysis. *The Standard Edition of the Complete Psychological Works of Sigmund Freud* (Vol. 15, pp. 3-240).

―――――. (1919a). Lines of Advance in Psycho-Analytic Therapy. *The Standard Edition of the Complete Psychological Works of Sigmund Freud* (Vol. 17, pp. 158-168).

―――――. (1919h). The 'Uncanny'. *The Standard Edition of the Complete Psychological Works of Sigmund Freud* (Vol. 17, pp. 218-256).

―――――. (1920a). The Psychogenesis of a Case of Homosexuality in a Woman. *The Standard Edition of the Complete Psychological Works of Sigmund Freud* (Vol. 18, pp. 146-172).

―――――. (1920g). Beyond the Pleasure Principle. *The Standard Edition of the Complete Psychological Works of Sigmund Freud* (Vol. 18, pp. 3-64).

―――――. (1921c). Group Psychology and the Analysis of the Ego *The Standard Edition of the Complete Psychological Works of Sigmund Freud* (Vol. 18, pp. 67-144).

―――――. (1923a). Two Encyclopaedia Articles. *The Standard Edition of the Complete Psychological Works of Sigmund Freud* (Vol. 18, pp. 234-260).

―――――. (1923b). The Ego and the Id. *The Standard Edition of the Complete Psychological Works of Sigmund Freud* (Vol. 19, pp. 3-66).

―――――. (1924b). Neurosis and Psychosis. *The Standard Edition of the Complete Psychological Works of Sigmund Freud* (Vol. 19, pp. 148-154).

Freud, Sigmund. (1925d). An Autobiographical Study. *The Standard Edition of the Complete Psychological Works of Sigmund Freud* (Vol. 20, pp. 3-74).

———. (1926d). Inhibitions, Symptoms and Anxiety. *The Standard Edition of the Complete Psychological Works of Sigmund Freud* (Vol. 20, pp. 77-176).

———. (1926f). Psycho-Analysis. *The Standard Edition of the Complete Psychological Works of Sigmund Freud* (Vol. 20, pp. 261-270).

———. (1927e). Fetishism. *The Standard Edition of the Complete Psychological Works of Sigmund Freud* (Vol. 21, pp. 149-158).

———. (1930a). Civilization and its Discontents. *The Standard Edition of the Complete Psychological Works of Sigmund Freud* (Vol. 21, pp. 59-146).

———. (1932c). My Contact with Josef Popper-Lynkeus. *The Standard Edition of the Complete Psychological Works of Sigmund Freud* (Vol. 22, pp. 218-224).

———. (1933a). New Introductory Lectures On Psycho-Analysis. *The Standard Edition of the Complete Psychological Works of Sigmund Freud* (Vol. 22, pp. 3-182).

———. (1937c). Analysis Terminable and Interminable. *The Standard Edition of the Complete Psychological Works of Sigmund Freud* (Vol. 23, pp. 211-254).

———. (1940a). An Outline of Psycho-Analysis. *The Standard Edition of the Complete Psychological Works of Sigmund Freud* (Vol. 23, pp. 141-208).

———. (1940b). Some Elementary Lessons in Psycho-Analysis. *The Standard Edition of the Complete Psychological Works of Sigmund Freud* (Vol. 23, pp. 280-286).

———. (1940e). Splitting of the Ego in the Process of Defence. *The Standard Edition of the Complete Psychological Works of Sigmund Freud* (Vol. 23, pp. 273-278).

———. 1960a: *Correspondance 1873-1939.* Paris, Gallimard.

——— e Andreas-Salomé, Lou 1966a [1912-1936]: *Correspondance avec Sigmund Freud.* Paris, Gallimard.

——— e Jung, Gustav 1992: *Correspondance 1906-1914.* Paris, Gallimard.

——— e Binswanger, Ludwig 1995: *Correspondance 1908-1938.* Paris, Calman-Lévy.

——— e Ferenczi, Sándor 1992: *Correspondance 1914-1919.* Paris, Calmann-Levy.

Fulgencio, Leopoldo 2000: "Apresentação e comentários do documento: Convocação para a fundação de uma 'Sociedade para a Filosofia Positivista'". *Natureza humana*, v. 2, n. 2, pp. 429-38.

——— 2003: "As especulações metapsicológicas em Freud". *Natureza humana*, v. 5, n. 1, pp. 127-64.

Gómez, Ricardo J. (2004). La polémica Mach-Planck: ¿ni vencedores ni vencidos? *Análisis Filosófico, XXIV*(1), 5-27.

Haller, Rudolf e Stadler, Friedrich Stadler 1988: *Ernest Mach, Werk und Wirkung.* Vienne, Hölder-Pichler-Tempsky.

Helmholtz, Herman von 1989 [1878]: "Os fatos na percepção". *Cadernos de História e Filosofia da Ciência,* série 2, v. 1, n. 2.

Hempel, Carl G. 1970: *Filosofia e ciência natural.* Rio de Janeiro, Zahar.

Herneck, Friedrich 1958: "Albert Einstein und der philosophische Materialismus", in *Forschung und Forstchritte,* n. 32, pp. 204-8.

Hesse, Mary B. 1962: *Gorces and Fields. The concept of Action at a Distance in the history of physics.* Westport/Connecticut, Greenwood Press, 1970.

Holton, Gerald 1967: "Où est la réalité? Les réponses d'Einstein". In: Maheu 1967, pp. 97-140.

———— 1993: *Science and Anti-Science.* London, Harvard University Press.

———— 1998: *Science en gloire, science en procès. Entre Einstein et aujourd'hui.* Paris, Gallimard.

Jones, Ernest 1953: *La vie et l'oeuvre de Sigmund Freud.* v. I. Paris, PUF, 1992.

———— 1955: *La vie et l'oeuvre de Sigmund Freud.* v. II. Paris, PUF, 2000.

———— 1957: *La vie et l'oeuvre de Sigmund Freud.* v. III. Paris, PUF, 1975.

———— 1979: *Vida e obra de Sigmund Freud.* Rio de Janeiro, Zahar.

Kant, Immanuel 1783: *Prolegômenos a toda a metafísica futura.* Textos Filosóficos. Lisboa, Edições 70, 1987. As indicações [A, p. x] determinam as páginas da edição alemã original.

———— 1786: *Princípios metafísicos da ciência da natureza.* Textos Filosóficos, Lisboa, Edições 70, 1990. As indicações [A, p. x] representam as páginas da Werke, edição de Wilhelm Weischedel, publicada na Insel Verlag e na Wissenschaftliche Buchgesellschaft, em 1956 e 1975.

———— 1787 [CRP]: *Crítica da razão rura.* Primeira edição em 1781 (A) e segunda edição em 1787 (B). Traduzido a partir da edição crítica de Raymund Schimidt (1956). Lisboa, Fundação Calouste Gulbenkian, 1997.

Kuhn, Thomas S. 1970: *A estrutura das revoluções científicas.* São Paulo, Perspectiva, 1975.

Laude, Jean 1984: "Paul Klee". In: Rubin 1991.

Lebrun, Gerard 1977: "L'idée d'épistemologie". *Manuscrito,* n. 1.

Leibniz, Gottfried W. 1996: "Philosophische Abbaanblungen 1684-1703" e "Systeme nouveau de la nature et de la comunication des substances, aussi bien que de l'union qu'il y a entre l'âme et le corps". In: *Die philosophischen Schriften 4.*

Hildeshein-Zürich-New York, George Olms Verlag, [Nachdruck der Ausgabe Berlin 1880].

Lenin, Vladimir I. 1908: *Materialismo e empirio-criticismo*. Lisboa, Estampa, 1975.

Loparic, Zeljko 1982: *Problem-Solving in Kant and Mach*. Tese de Doutorado em Filosofia – Universidade de Louvain.

_____ 1984: "Resolução de problemas e estrutura de teorias em Mach". *Cadernos de história e filosofia da ciência*, n.6, pp. 35-62.

_____ 1999: "O conceito de *Trieb* na filosofia e na psicanálise". In: Machado 1999.

_____ 2000 [1982]: *A semântica transcendental de Kant*. Campinas, CLE.

Machado, Jorge A. T. (org.) 1999: *Filosofia e psicanálise: um diálogo*. Porto Alegre, EDIPCRS.

Mach, Ernst (1883a). *La Mécanique. Exposé historique et critique de son développement*. Paris: Éditons Jacques Gabay, 1987.

_____ (1883b). *The Science of Mechanics. A Critical and Historical Account of Its Development*. Chicago and London: The Open court Publishing Company, 1919.

_____ (1886a). *The Analysis of Sensations, and the Relation of the Physical to the Psychical*. Chicago and London: The Open Court Publishing Company, 1914.

_____ (1886b). *L'analyse des sensations. Le rapport du physique au psychique*. Nîmes: Éditions Jacqueline Chambon, 1922.

_____ (1905). *Knowledge and Error. Sketches on the Psychology of Enquiry*. Dordrecht-Holland / Boston-USA: D. Reidel Publishing Company, 1976.

_____ (1905). *La conaissance et l'erreur*. Paris: Flammarionn, 1922.

Maheu, René *et al.* 1967: *Science et synthèse*. Paris, Gallimard.

Massoun, Jeffrey M. 1986: *A correspondência completa de Sigmund Freud para Wilhelm Fliess. 1887-1904*. Rio de Janeiro, Imago.

Mezan, Renato 1998: *Tempo de muda*. São Paulo, Companhia das Letras.

Monnoyer, Jean-Maurice 1996: "Introduction". In: Mach 1987 [1883].

Musil, Robert 1908: *Pour une évaluation des doctrines de Mach*. Paris, PUF, 1985.

Nagel, Ernest 1959: *La estrutura de la ciencia. Problemas de la lógica de la investigación científica*. Buenos Aires, Paidos, 1978.

Oliveira, Marcos A. 2000: *Razão problematizante e investigação científica na metafísica kantiana da natureza*. Dissertação de Mestrado – Faculdade de Filosofia da Universidade Estadual de Campinas.

Planck, Max 1949 [1908]: "L'univers de la physique et son unité". In: Planck 1963.

Planck, Max 1963: *L'image du monde dans la physique moderne.* Zurich, Éd. Gonthier.

Ratliff, Floyd. (1965a). Ernst Mach (1838-1916) *Mach Bands: quantitative studies on neural networks in the retina.* San Francisco, London, Amsterdam: Holden-Day.

———. (1965b). *Mach Bands: quantitative studies on neural networks in the retina.* San Francisco, London, Amsterdam: Holden-Day.

Richard, L.1996: "Le moi souci primordial", *Magazine* Litteraire (*Le souci, éthique de l'individualisme*), n. 345.

Rubin, Willian (org.) 1984: Le primitivisme dans l´art du 2oème siècle. 2 v.

Paris, Flammarion, 1991.

Sant´anna, A. S e Garcia, Christiano 1998: "É possível eliminar o conceito de força na mecânica clássica?", *Revista Brasileira de Ensino de Física*, v. 20, n. 4, dezembro de 1998, pp. 346- 353.

Shakow, David e Rapaport, David 1964: "Nineteenth and Early Twentieth Century Background". *Psychological Issues*, v. 14, n. 1. Monograph 13: *The Influence of Freud on the American Psychology.*

Soulez, Alberta 1985: *Manifeste du Cercle de Vienne et autres écrits.* Philosophie d'ajourd'hui. Paris, PUF.

Szasz, Thomas S. (1960). Mach and Psychoanalysis. *Journal of Nervous & Mental Disease, 130*(1), 6-15.

Impressão e acabamento:

tel.: 25226368